本书受中南财经政法大学出版基金资助

中南财经政法大学
青|年|学|术|文|库

省际信息流动空间结构及其
对区域等级体系的影响

梁 辉 著

中国社会科学出版社

图书在版编目（CIP）数据

省际信息流动空间结构及其对区域等级体系的影响／梁辉著．—北京：中国社会科学出版社，2015.10

（中南财经政法大学青年学术文库）

ISBN 978 – 7 – 5161 – 6671 – 0

Ⅰ.①省… Ⅱ.①梁… Ⅲ.①信息经济－研究－中国 Ⅳ.①F49

中国版本图书馆 CIP 数据核字（2015）第 170471 号

出 版 人	赵剑英	
责任编辑	田　文	
特约编辑	金　泓	
责任校对	李　楠	
责任印制	王　超	

出　　版	中国社会科学出版社
社　　址	北京鼓楼西大街甲 158 号
邮　　编	100720
网　　址	http://www.csspw.cn
发 行 部	010 – 84083685
门 市 部	010 – 84029450
经　　销	新华书店及其他书店

印刷装订	北京金瀑印刷有限责任公司
版　　次	2015 年 10 月第 1 版
印　　次	2015 年 10 月第 1 次印刷

开　　本	710×1000　1/16
印　　张	11
插　　页	2
字　　数	186 千字
定　　价	39.00 元

凡购买中国社会科学出版社图书，如有质量问题请与本社营销中心联系调换
电话：010 – 84083683

总　序

　　一个没有思想活动和缺乏学术氛围的大学校园，哪怕它在物质上再美丽、再现代，在精神上也是荒凉和贫瘠的。欧洲历史上最早的大学就是源于学术。大学与学术的关联不仅体现在字面上，更重要的是，思想与学术，可谓大学的生命力与活力之源。

　　中南财经政法大学是一所学术气氛浓郁的财经政法类高等学府。范文澜、嵇文甫、潘梓年、马哲民等一代学术宗师播撒的学术火种，五十多年来一代代薪火相传。世纪之交，在合并组建新校而揭开学校发展新的历史篇章的时候，学校确立了"学术兴校，科研强校"的发展战略。这不仅是对学校五十多年来学术文化与学术传统的历史性传承，而且是谱写21世纪学校发展新篇章的战略性手笔。

　　"学术兴校，科研强校"的"兴"与"强"，是奋斗目标，更是奋斗过程。我们是目的论与过程论的统一论者。我们将对宏伟目标的追求过程寓于脚踏实地的奋斗过程之中。由学校斥资资助出版《中南财经政法大学青年学术文库》，就是学校采取的具体举措之一。

　　本文库的指导思想或学术旨趣，首先在于推出学术精品。通过资助出版学术精品，形成精品学术成果的园地，培育精品意识和精品氛围，以提高学术成果的质量和水平，为繁荣国家财经、政法、管理以及人文科学研究，解决党和国家面临的重大经济、社会问题，作出我校应有的贡献。其次，培养学术队伍，特别是通过对一批处在"成长期"的中青年学术骨干的成果予以资助推出，促进学术梯队的建设，提高学术队伍的实力与水平。再次，培育学术特色。通过资助出版在学术思想、学术方法以及学术见解等方面有独到和创新之处的科研成果，培育科研特色，以形成有我校特色的学术流派与学术思想体系。因此，本文库重点面向中青年，重点面向精品，重点面向原创性学术专著。

　　春华秋实。让我们共同来精心耕种文库这块学术园地，让学术果实挂满枝头，让思想之花满园飘香。

2009 年 10 月

Preface

A university campus, if it holds no intellectual activities or possesses no academic atmosphere, no matter how physically beautiful or modern it is, it would be spiritually desolate and barren. In fact, the earliest historical European universities started from academic learning. The relationship between a university and the academic learning cannot just be interpreted literally, but more importantly, it should be set on the ideas and academic learning which are the so – called sources of the energy and vitality of all universities.

Zhongnan University of Economics and Law is a high education institution which enjoys rich academic atmosphere. Having the academic germs seeded by such great masters as Fanwenlan, Jiwenfu, Panzinian and Mazhemin, generations of scholars and students in this university have been sharing the favorable academic atmosphere and making their own contributions to it, especially during the past fifty – five years. As a result, at the beginning of the new century when a new historical new page is turned over with the combination of Zhongnan University of Finance and Economics and Zhongnan University of Politics and Law, the newly established university has set its developing strategy as "Making the University Prosperous with academic learning; Strengthening the University with scientific research", which is not only a historical inheritance of more than fifty years of academic culture and tradition, but also a strategic decision which is to lift our university onto a higher developing stage in the 21st century.

Our ultimate goal is to make the university prosperous and strong, even through our struggling process, in a greater sense. We tend to unify the destination and the process as to combine the pursuing process of our magnificent goal with the practical struggling process. The youth's Academic Library of Zhongnan University of Economics and Law, funded by the university, is one of our specific measures.

The guideline or academic theme of this Library lies first at promoting the publishing of selected academic works. By funding them, an academic garden with high – quality fruits can come into being. We should also make great efforts to form the awareness and atmosphere of selected works and improve the quality and standard of our academic productions, so as to make our own contributions in developing such fields as finance, economics, politics, law and literate humanity, as well as in working out solutions for major economic and social problems facing our country and the Communist Party. Secondly, our aim is to form some academic teams, especially through funding the publishing of works of the middle – aged and young academic cadreman, to boost the construction of academic teams and enhance the strength and standard of our academic groups. Thirdly, we aim at making a specific academic field of our university. By funding those academic fruits which have some original or innovative points in their ideas, methods and views, we expect to engender our own characteristic in scientific research. Our final goal is to form an academic school and establish an academic idea system of our university through our efforts. Thus, this Library makes great emphases particularly on the middle – aged and young people, selected works and original academic monographs.

Sowing seeds in the spring will lead to a prospective harvest in the autumn. Thus, let us get together to cultivate this academic garden and make it be opulent with academic fruits and intellectual flowers.

Wu Handong

摘　要

本书试图揭示我国 31 个省、市、自治区间信息流动的空间格局以及形成机理。作为信息价值得以实现的保证，信息的流动成为当今社会的重要特征。对信息经济的研究包括情报学（主要为宏观信息经济）和经济学（主要为微观信息经济）两个角度，本书从情报学角度对信息资源宏观空间配置这一分支的研究，总结了信息流和信息流量的概念与特征以及信息流动的规律；在把信息流动看作源于区域间相互联系的基本思想下构建模型，揭示出信息流的宏观空间分布格局——多中心网络化。分析信息流动空间格局形成的内在机制，以及信息流对数字鸿沟的影响，并据此提出政策建议。

第一章提出研究内容、技术路线和创新之处。从实际背景来看，我国已经进入信息经济时代，信息化、网络化的发展使信息流动的作用日益凸显。从掌握的文献资料来看，区际生产要素流动与区域发展相伴而生，目前研究仍集中于对物流、人流、资金流等空间结构和影响上，信息流的研究由于其非实物的形态，数据获取的困难性影响了它的发展。为解决这一问题，本书试图构建一般模型揭示区域间信息流动的规模进而得到信息流动的空间结构特征，并分析这一空间格局形成的内在机制，讨论信息流动带来的区域等级体系的变化。

第二章介绍理论基础和相关研究述评。由于信息与信息流概念在不同学科领域的不一致是阻碍信息空间流动研究的一个因素，本章首先对信息和信息流以及信息量和信息流量概念进行梳理，给出本书对信息流的理解。研究以信息流动源于区域间相互作用为基本假说，以空间相互作用理论和社会网络理论为理论基础。通过对文献的梳理发现过去的研究多为静态的、孤立的分析，方法上主要利用实证调查数据进行分析。本书认为信息流动受到区域经济地位、产业发展以及在城镇体系中地位等因素的影响，因此应基于动态的、整体的视角，引出下面的研究。

第三章是对信息流的现状分析，并据此提出本书的研究框架。现状分析包括信息存量的空间极化和信息需求的空间分层两部分。发现现阶段信息存量已明显形成三个发展极：京津地区、沪苏浙地区和广东省。北京市的信息化指数最高，广东地区的信息网络建设最好，沪苏浙地区在信息技术应用上领先。现代信息载体空间集聚非常明显，其中又尤以现代电器和电信设备的波动较大。传统载体中图书期刊的普及程度波动较大，说明我国现阶段加大信息基础设施和科学教育的投资能够更明显地弥补信息资源分布的不均衡。对信息需求的讨论发现不同行业、社会背景、学术背景的人群间信息需求产生明显分层；不同地区间网络信息的需求从应用深度和需求种类上也分层明显。信息化发展较好的区域实现了对信息的主动反馈、整合和应用，而信息化较弱的区域还停留在被动接受阶段。信息需求的空间分层形成多元化的信息流向，即在"质"上的数字鸿沟。结合我国主要城市间航空客流的分析，本书提出假说：我国信息的空间流动已经形成多中心网络化的格局。

第四章研究区域信息流总体趋势。从信息流与实物流关系、信息流的社会性和信息流的地域衰减性几个角度分析区际信息流的邻近效应。因此某区域与周围区域信息化发展的相互关系决定了信息流的方向，可以利用空间自相关方法分析我国现阶段区际信息流动的总趋势。实证发现，我国信息化程度的全局空间自相关指数正显著，揭示出信息流动不是随机的，而是有显著的相互依赖性；信息化程度的局部空间自相关指数揭示各区域对周围区域信息化发展的影响进而得出各区域信息流动的趋势，并以"极化中心""扩散中心""局部扩散"和"低洼地"对各区域的信息流动状况进行分类。发现我国已经形成三个发展极，而在其周围都出现"低洼地"。

前面的实证只是对区域信息流动总趋势的讨论，第五章具体给出各区域间信息流规模。区域的空间相互作用表现为信息的区际流动，因此本章以空间相互作用理论基本模型——引力模型为基础并进行修正，构建区际信息流动规模模型。结合上一章实证结论，发现我国现阶段信息空间流动形成多中心网络化的空间格局，网络以各层信息流集聚中心为节点，以三大集聚中心之间和集聚中心与邻近腹地间信息流动为连接边。具体到各区域，三大集聚中心信息流动活跃但流动方向不同，与各腹地的关系也不同，京津地区是信息辐射中心，沪苏浙地区和广东省是信息的吸收中心。中部地区内部诸省间信息流动不活跃，组成了稀疏的社会网络，使得信息资源配置效率不高，信息化难以发展，但"疏网"结构松散、利用吸收"异质"信息的特征也给中部地区信息化发展带来希望。和中部相反，西部地区内部联系密切，但与外部交流甚少，属于联系紧密的社会网络，依赖于区内信任平台，加大与区外的联系是西部地区信息化发展的途径。总之，信息流形成三大中心，每一中心与腹地形成网络化信息流动结构，基本符合随距离衰减的规律，信息流作用下新的区域等级秩序形成。

第六章研究信息流形成多中心网络化空间结构的内在机制。首先，信息流动的信源和信宿双方在认知结构和宏观经济结构上的增值性（包括量和质）构成信息流的增值性，信息流动过程中物质载体、社会关系因素、信息时效、吸收能力等都会引起信息流的衰减。信息流的增值性和衰减性造成信息流的规模报酬递增，进而信息流势必集聚于信息化发展成熟的地区以及它们的邻近地区。其次，区域总是处于社会网络中，信息流动构成社会网络，发现不同结构和联系的网络信息流动的规律不同，处于网络不同位置的区域信息吸收或辐射也不同。强关系网络内信息流动意愿强、效率高，共同的背景有利于不可编码信息的传输，但也使信息冗余严重；弱关系网络适合可编码信息的传递，扩大了交流的范围，促进了创新。网络密度越大，信息流动越有效；区域间越"团结"，资源配置效率越高。而密度越小，信息吸收能力就越强。从而得出信息流动会在某些网络内或网络间集聚以及多层分化。

第七章研究信息流的经济效应，以2001年到2007年数字鸿沟的演变为代表。从信息流规模和层次上分别定性地讨论信息流动对数字鸿沟演变的影响，得出信息流的空间极化产生的"马太效应"扩大了信息中心与其他地区间数字鸿沟的结论。

第八章以就业信息为例分析信息流动的社会和经济效应。农民工群体进入城市，从寻职到就业，再到职业流动、社会和经济地位提升的全过程，体现了信息流动的效应。以职业搜寻理论为基础，结合中国当前劳动力市场和农民工群体的特征，构建农民工的职业搜寻模型。并在数理模型的基础上，以全国综合社会调查（CGSS）中对农民工寻职过程的跟踪数据，分析农民工职业搜寻过程对其职业流动状况的影响。

第九章为结论、局限与展望。在前面章节讨论的基础上，得出本书的结论，根据这些结论尽可能地提出一些切实的政策建议，最后指出本研究存在的不足和今后还有待进一步研究的问题。

关键词：信息流　空间自相关　引力模型　规模报酬递增　社会网络

Abstract

The spatial pattern and intrinsic mechanisms of information flow among the 31 provinces, cities and autonomous regions are analyzed in this dissertation. As the assurance to realize the information's value, information flow has been the most important character of the society. The research of information economy is from two aspects: informatics (mostly of macro-information-economy) and economy (mostly of micro-information-economy). This article is based on the research of information resource's spatial configuration. Firstly, the study described the conception and characters of information and information flow, and then summarized the disciplines of information flow. Based on the idea of contacts among areas causing information's flow, the hypothesis of "information's flow is prone to convergence in size, direction and arrangement" is advanced. By building several models, the article verified the hypothesis and the spatial pattern of information flow is uncovered profoundly.

Chapter 1 analyzs the necessity and significance of this study, showed the content and basic methodology, and pointed out potential contribution and deficiency. Our country entered the information society, information flow is important increasingly. Most of existing literatures about elements flow mostly focused on such aspects as the spatial pattern of objects、human and money's flow and the aspects to economy. The difficulty of dates'obtain has been the obstacle of information flow's research. To resolve the problem, the article tried to build a common model to analyze the reason of imbalance of informationization among areas from the aspects of information flow empirically.

Chapter 2 sums up the basic theories and the most representative claims of the spatial pattern of information flow. Just because of the disagreement of the concept of information, the study of information flow has been grown slowly, so this chapter packs up the concepts of information, information flow and their quantity, then give the understand of information flow in this article. The research is based on the basic hypothesis that information's flow is rooting from the contacts of areas, and we all know information's flow come into being interpersonal network, so we choose space interaction theory and social network theory as the basic theory. By the tidying up the documents of information flow, we find that most of the researches are based on the static and isolated idea, and almost focus on one carrier of information. But we think that the research of information flow should be based on the dynamic and holistic idea.

Chapter 3 is the existing condition analysis of information flow, and then gives the research framework of the dissertation. The exising condition analysis consists of the polarization of information inventory and the delamination of information need. We find that information inventory condition has come into being three development centers: Beijing and Tianjin region, Shanghai Jiangsu and Zhejiang region and Guangdong province, and each region are good at information index, information technology and network built inspectively. The modern carriers of information are more concentrative than traditional ones. In the discussion of information need, we find that people with difficult background of society, profession and learning have difficult information need. The need of network information is layered too. Combining with the analysis of the air transportation's passenger flow among the big cities, we advance the hypothesis: our country's information flow has come into being the several centers and networked pattern.

Chapter 4 analyzes the neighbourhood effect of information flow from several aspects of the connection of informations with paracticality flow, the sociality and the range attenuation of information flow. So the interrelation of informatization development among areas decides the direction of information flow. Using the space autocorrelation indexs, we can find that the overall space autocorrelation index of information growth among areas is positivily significant, which reveals the flow of information is not randomness but being rely on each other. The local space autocorrelation index reveals the influence among the information development of areas. And we name the difficult flow condition with "polarization center", "diffusion center", "local diffusion" and "downfold". We find our country has come into being three centers and near each can find "downfold".

Chapter 5 gives the scale of information flow among the areas. Information's folw is originated from the intercorrelation of the areas, so we build the model based on the gravitation model and modifies it combining with the feature of information. We find that our country's information flow has formed the multicenter network pattern. The convergency centers of information flow of several layers are the nodes and the information flow among the convergency centers and their hinterlands are the links of the network. Specifically, the three centers are very active in information flow but difficult in direction. Beijing and Tianjin are output center and the other centers are input centers. The provinces in middle part are not active in information flow, and we can say they form a loose network which is inefficient in distribution of information resources but competent in absorbing new ideas. In a contrary, provinces in the west build a dense network, but lack communition with other areas. So depending on the belief inner the network, increasing the touch with other areas is the way of them to improve.

Chapter 6 reveales the mechanism of pattern of information flow. Firstly, the resources and the destinations of information flow cause the flow's increasing returns to scale from cognitive structure and economic structure's increasing in quantity and quality. The obstacle carrier of information, social relations factors, time effect and absorbency all can cause the attenuation of information in quantity and quality. Secondly, any area is in the social networks, and strong connections help the flow of information which are not decodable based on the strong wish of flow, high efficiency and the same background, but the information redundancy is a problem; weak connections help the flow of information which are decodable, which widen the scale of communication and speed the innovation. The density is also an aspect of social network which can influence the information flow. Just because of the force of unity's promotion to allocative efficiency, More density of the network, more efficiency of connection. And the thin network has higher absorption ability than thick one. So the difficult network structure and the difficult location in network all influence the flow of information. The article put forward to the hypothesis of "information flow is prone to convergence".

Chapter 7 discusses the economic impact of information flow which is representated by the digital divide from 2001 to 2007. By researching the impact of information flow to digital divide qualitatively in scale and layer, we find that information flow's polarization extends the digital divide.

Chapter 8 takes advantage of the employment information as an example to analy – ze the social and economic effects of information flow. Migrant workers come into the city, form job searching to be employed and to the occupational mobility, the progress of raise in both social and economic status reflects the effect of information flow. On the basis of job search theory, combined with the characteristics of the labor market and migrant workers in current China, the job search model of migrant workers is build. Using the tracking data of migrant workers from national General Social Survey (CGSS), on the ground of mathematical model, we analyze the impact of migrant workers' job search progress on their occupational mobility.

Chapter 9 explained the conclusion and limitation of this paper. Main conclusions were draw on based on preceding analysis. According to these conclusions, this paper posed some practical policy recommendations. Finally, the limitation and remaining problems of this study were pointed out.

Keywords: Information flow   space autocorrelation   gravity model   Increasing returns to scale   Social Network

目　录

第一章　导论

第一节　研究问题的提出

一　选题背景

本书的研究基于以下两点：

第一，我国已进入信息经济时代，信息流动是其重要特征。

早在 20 世纪 60 年代中后期到 70 年代，美国等发达国家就已先后实现了由工业经济向信息经济的过渡，其主要标志便是经济活动中有一半以上与信息活动有关。而到 20 世纪 90 年代以后，信息技术在世界各国经济增长中的作用也开始不断显现出来。2006 年世界信息产业规模达到 42457 亿美元，其中数字内容产业增速最快，达到 40.1%。

我国在国民经济"十五"计划纲要中就提出了"加速发展信息产业，大力推进信息化"的目标，随着国外信息技术、信息产业发展成熟并逐步引入我国，从 21 世纪初开始，知识和信息正在逐步替代资本与土地成为经济发展的"主导"力量。改革开放三十多年来，我国的信息化水平有了很大的发展。国家统计局《改革开放 30 年经济社会发展系列报告》[①] 的数据显示，1978 年，9 亿人口的中国只有电话交换机 406 万门，尚不及仅400 万人口的香港地区；电话普及率比当时非洲国家的水平还低。三十多年来，我国电信业年投资额增长了九百多倍，电话网络规模在世界的排名也从 1985 年的 17 位跃升到 2007 年的第 1 位。在 2000 年到 2007 年间，移动电话本地通话量增长 91.3 倍，移动电话长途通话量增长 87.8 倍。自1994 年中国正式加入国际互联网至今，网络覆盖了全国 31 个省的所有地区和绝大部分乡镇。国家 CN 域名在 2007 年里，以每天增长两万个的速度迅速崛起，三年增长了 20 倍，创下了世界域名史上的增长奇迹。所有这

---

① 引自《改革开放 30 年报告》之十三《邮电通信业在不断拓展中快速发展》。

些都显示我国已经进入了信息经济时代，而信息经济是以生产要素的大规模、快速流动为基础的经济形式。如果以旅客周转量表示人员流动，以货物周转量表示物资的流动，以电信业务总量表示信息的流动，从物流、人流、信息流以1980年值为基准的逐年增长速度来看，信息流的增长速度远远高于物流和人流的增长速度。

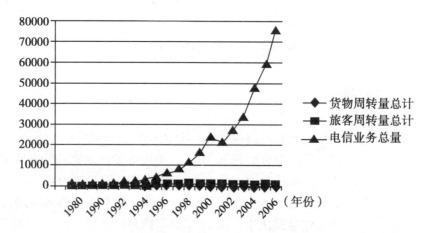

图1-1 物流、人流、信息流增长速度比较
资料来源：《中国统计年鉴（2007）》。

第二，区域发展与区际要素流动相伴而生，信息要素流动的经济效应更加突出。

社会生产力运动的一大特点便是生产要素的流动与重新组合。经济学经典理论表明不仅资本要素，而且包括物资、技术、信息等在内的所有经济资源要素，只有在运动中才能实现价值和价值增值。全球经济下，对一个开放式区域系统而言，经济和社会的发展仅依赖区域内部各种要素资源是远远不够的，还须通过区域内外能量流、物质流和信息流的交换，从而达到利用外部的发展要素资源的目的。外部要素的流入，能够改变区域发展要素的构成关系，使可利用的要素资源向有利于区域发展的方向变化，解决区域发展存在的内部要素瓶颈制约。如资本的流入在区域内部产生积累效应，可以改善区域内部经济要素的状态；技术要素的流入，有利于提高区域的技术水平和人才质量，改善区域内部社会要素的状态等。这些要素的流入最终将通过引起内部相关要素数量的增加和质量的改进，对区域发展和要素自身状态的改善产生正效应。

生产要素的流动古来有之，在不同的时代，要素流动的作用也不尽相同。18 世纪产业革命发生后的相当长一段时间里，制造业一直是主导产业，相应的实物经济是经济主体形态，物质流居核心地位，资金流和信息流以物质流为中心，围绕物质流运动。第二次世界大战结束后，随着金融资本的发展，金融逐渐成为经济的核心，相应的，虚拟经济取代实物经济成为主体经济，资金流居核心地位。在信息经济时代，互联网的发展使经济进一步虚拟化，物质流、资金流、信息流三大流的地位与作用发生了换位，信息流居核心地位。

信息要素具有开发、控制和驾驭其他要素的能力。无论是物质要素还是能量要素，其开发和利用都有赖于信息的支持。生产过程虽然是物质和能量形式的转换，但转换的过程却始终贯穿着信息的引导和支配。从工业时代的电视台、电台、报纸、电话、电报、传真、邮递等信息传输媒介和手段到当今以网络为主要传播手段的信息社会，信息的作用日益凸显。信息要素通过与劳动力要素的相互作用，增加了其他生产要素的信息含量，从而提高了生产力系统的素质和利用效率。通过与决策者的相互作用，决策过程中的不确定性就会减少，增强管理和管理对象的可知性和透明度。在信息经济时代，互联网的发展使经济进一步虚拟化，物质流、资金流、信息流三大流的地位与作用发生了换位，信息流居核心地位。信息流决定了物质、人才的集聚与扩散的方向，同时也控制了物流、能源流和人才流的流速和流量。

20 世纪 90 年代以后，在经济全球化的推动下，跨国投资蓬勃发展，使要素的国际流动成为世界经济的本质特征，生产要素实现了最大限度的最优配置。普遍的要素流动和跨国要素组合下国家属性淡化，以致有些专家认为，全球化经济中的国际分工是"要素分工"①，要素的国际流动，尤其是信息的流动成为当今世界主要趋势。本书即在这样一个信息社会的背景下研究信息流动的空间结构，信息流对经济和社会效率的提高，对其他实物流的导引既是研究的现实意义也是研究的理论基础。

---

① 国际分工体系的发展历程，大体经历了：（1）从工业革命到"二战"前的中心外围阶段，这个阶段的分工体系不是基于自由贸易意义上的比较优势，而是政治与军事强权基础上的殖民统治。（2）从"二战"后到 20 世纪 70 年代的垂直分工体系，经济关系以产品贸易为主，分工具有典型的产业间分工的意义。（3）从 20 世纪 70 年代到 20 世纪末的水平分工阶段，跨国公司的兴起使完全产业或产品意义上的分工弱化，产业内部和产品各零部件上的分工强化。90 年代后，经济全球化的发展将国际分工带入第四个发展阶段。（4）20 世纪末开始的要素合作阶段。

二 研究意义

1. 理论意义

对区域要素流动的研究有很多,林肯堂将其定义为,可流动区域经济发展要素在区域内和区域之间的地域空间的转移。从增长意义上讲,是区域要素在区域内和跨区域的优化配置;从流通意义上讲,是具有比较优势的商品和劳务超越本地要素市场,向更广大的区域市场扩展(林肯堂,2004)。最早研究要素流动的是国际贸易中的绝对优势和相对优势理论等,从国家之间的商品贸易与要素流动角度探讨国际分工与合作。1776 年亚当·斯密的《国民财富的性质和原因的研究》提出绝对优势理论,到 1817年大卫·李嘉图在《政治经济学及赋税原理》中提出的比较优势理论,再到分别于 1919 年和 1933 年由赫克歇尔和俄林创立和发展的要素禀赋论,1941 年由斯托尔珀和萨缪尔森证明的要素价格理论,以及后来的特定要素模型、列昂惕夫之谜等都对实物要素流动进行了理论研究,后来对物质、劳动力、资金等流动的研究又产生了大量的文献,但对信息流动的研究文献还较少。究其原因,本书认为,首先,情报学、传播学、经济学甚至哲学等领域都从自身角度对信息进行了研究,但难以统一。基础概念的不一致性是对信息流研究欠缺的一个原因;另外,信息作为非实物形态的要素,其流动依附于载体,过去国外有一批文献通过载体研究信息流动,而随着网络等的发展,信息与载体的分离趋势增强,仅从载体运动角度对信息流的度量也并不完善(如一个包裹和一个电影院都度量为一个单位,但对接受者的效果却相差很大),再加上不同载体量纲(如一条短信和一台电脑)的不同,使得对信息流规模的度量问题一直难以解决。因此,对信息流的理论和实证研究是生产要素流动理论的有益补充,也是对信息经济下其他经济问题研究的基础工作。

2. 现实意义

面对信息时代如此广泛和复杂的信息传播现象,传统的传播学很少关注传播的信息特征,而信息科学主要研究自然信息和工程信息问题,较少关注社会信息传播问题。对信息流的研究可以使我们深入地了解我国各地区之间信息相互作用的结构和规律,并建立更有效的通信网络,使各地区之间信息的流通更加畅通,更有效地推动经济发展和社会进步。

另外,越来越多的学者认为,当今发展中国家和发达国家之间以及国家内部不同区域之间经济发展水平的差距越来越明显地表现为信息与知识的差距，包括信息资源占有的差距、信息资源处理能力的差距、信息资源传输能力的差距等，而这些都直接反映为信息资源的区际流动。人、物质、能源等的流动都携带着信息并受信息的控制，再加上网络等现代信息载体的出现，可以说，信息的流动代表着区域间的相互联系，揭示了信息流的空间格局，对我们解释、解决一系列区域经济问题（如区域间差距的拉大或缩小、区域共同体的构建、区域经济辐射范围的界定等）很有帮助。

第二节　研究所属分支与目标

一　研究所属分支

信息经济学经过几十年的研究，在情报学领域和经济学领域分别形成了宏观和微观两个研究角度，本书的研究基于情报学角度对宏观信息空间配置的研究分支。

信息经济学的研究始于对新古典经济学"完全理性"和"完全信息"基本假设的批判。1959 年美国著名经济学家马尔萨克发表了《信息经济学评论》一文，"信息经济学"一词正式出现在经济学领域。随后的 1961 年斯蒂格勒在其论文《信息经济学》中研究了信息的成本、价值和信息对价格、工资及其他生产要素的影响，首次将信息作为经济活动的要素和经济运行的机制加以研究，信息经济学正式诞生。

一支信息经济学的研究集中于微观角度。1977 年斯蒂格勒提出应该用不完全信息作为前提来替代完全信息的假设，以修正传统的市场理论和一般均衡理论，开创了不完全信息和不确定性理论推动信息经济学的前进，他也因此一直被誉为信息经济学的创始人。

另一支信息经济学的研究力量则集中于对信息产业和信息经济的研究，在中观和宏观层次上分析信息产业在国民经济中的地位和比重以及对国民经济的贡献。这一领域的研究始于美国普林斯顿大学教授马克卢普，1962 年他在《美国的知识生产与分配》一书中首先提出了知识产业的概念，从宏观上对美国的知识生产、分配和经济意义进行了卓有成效的研究。波拉特在 1977 年完成的《信息经济》九卷本，提出了信息经济规模和结构的统计测算和数量分析方法，该方法在 1981 年被经济合作与发展组织采用来测算其成员国的信息经济发展程度。

到 1979 年，信息经济学首次被人为地正式划分为微观与宏观两大部分。

国内信息经济学起步较晚，始于 20 世纪 70 年代末 80 年代初的情报学界。1980 年我国情报学界便开始尝试有偿服务，研究涉及有关情报的经济价值及商品化等一系列问题。到 80 年代中期，随着国外信息经济学研究成果的大量引入，信息经济、信息市场、信息产业等课题频繁出现在情报学学科发展的前沿。发展到今天，已产生了一大批极具价值的信息经济学论著，如乌家培的《信息与经济》《经济信息与信息经济》，张守一的《信息经济学》，谢康的《微观信息经济学》和《信息经济学原理》等，都从不同角度围绕着宏观经济学，从信息产业和信息商品等领域对信息经济问题进行系统的探讨。

另外，信息经济学作为经济学的分支学科，以不对称信息为核心，更多地关注微观信息经济学的发展动态，而对宏观经济学研究较少。王则柯教授的《经济学直面现实》《博弈论平话》《岭南笔记》《信息经济学前说》等都是我国从经济学视角对信息经济学研究的佳作。张维迎教授的《博弈论与信息经济学》是我国首次以非对称信息博弈论在经济学的应用领域进行的开拓性研究。因此，和宏观与微观角度相对应，信息经济学研究领域也分为情报学角度和经济学角度。

对信息经济学研究分支的讨论众说纷纭①。经济学界的信息经济学研究以不对称信息为核心，十分重视对微观信息经济学的介绍和各种非对称信息条件下经济问题的研究。而在情报学体系框架下，也已经形成了独特的信息经济学研究领域，一般从信息经济学的基本问题、信息资源、信息系统、信息市场、信息产业、国民经济信息化等方面进行研究。其中信息资源配置的研究是信息经济学的核心，也在本书研究范围。

信息资源的配置是在一定时间和空间中进行的。从时间序列来看，在一定空间中信息资源要素随时间推移而发生量的扩张和质的演进，是信息

----

① 谢康教授曾将国外信息经济学研究划分为：从不完全信息和非对称信息的假设出发分析经济现象，从统计决策的角度出发研究如何利用信息实现最优信息经济，从企业管理和信息管理角度、信息产业角度、信息经济的统计测算角度分析信息经济现象。乌家培于 1991 年发表的《经济信息和信息经济》一文把信息经济学的研究分为三类：信息的经济研究、信息经济的研究和信息与经济的关系的研究。

资源的积累；从空间序列来看，在一定时间内信息资源要素随空间变迁而发生的量与质的转移、交换等现象，为信息资源要素流动。积累和流动是信息资源配置的两种基本形式。信息资源要素流动有集中、扩散、交换等具体操作性形式，可以产生补偿与耦合功能，并在此基础上形成组合整化效应、配置规模效应和配置分工效应（周毅，2004）。图1-2给出了本书所属研究分支。

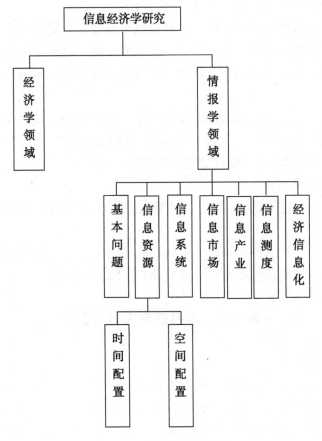

图1-2　本书研究所属分支

二　研究目标

本书的研究目标在于揭示信息在我国31个省、市、自治区间流动的空间格局，并对其进行理论解释。试图回答以下问题：

1. 信息流在各省、市、自治区间是怎样流动的，形成怎样的空间格局与层次。

2. 什么导致信息的流动，从经济学角度解释空间格局形成的机制。

本书的研究路线包括：首先，在信息流相关文献综述和现状分析的基础上提出假设：信息流的空间结构应是多中心网络化的；其次，实证分析检验假设；再次，从实证分析的结果总结信息流空间结构产生的原因；最后，讨论信息流的经济效应，主要研究信息流对数字鸿沟演变的影响。

实证分析是本书的重要环节，包括两部分：

第一，分析得出信息化发展具有地域邻近性，从而本区域和邻近区域信息化发展的相互关系就直接影响了信息的流动，借用空间自相关模型研究相邻区域信息化发展的相互影响，得到我国现阶段区域间信息流动方向的总趋势。

第二，本书将信息流看作区域间相互作用的表现形式，在空间相互作用模型基础上构建区际信息流规模模型，找到区域间双向信息流的规模，从而得出信息流多中心网络化的空间结构。

在机制分析部分：

第一，从信息与信息流的规模收益递增性揭示信息流的空间集聚机制。

第二，结合社会网络理论和空间扩散理论中信息交流网络具有层次性的论断，揭示信息流的随距离衰减规律和空间等级秩序。

第三节　本书研究内容与创新

一　研究内容

本书共分为九章，沿着上述研究框架的思路展开。

第一章导论部分，从我国已经进入信息经济时代，而信息流动是主要特征；和要素流动与区域发展相伴而生，信息流的作用日益凸显，给出本书研究的背景。在这样的背景下对信息流的研究是有意义的。研究的意义包括理论价值和实际意义。其中对本书研究所属分支的讨论明晰了研究内容和对象，也是理论价值的基础，试图对生产要素流动理论进行有益补充。实际意义基于对现状的理解，信息流作用越来越大，对信息流的研究给我们研究当代区域经济问题提供政策建议。

第二章是信息空间流动研究的理论基础与相关研究述评。由于信息与信息流概念在不同学科领域的不一致是导致信息空间流动研究欠缺的一个原因，因此本章首先对信息流与信息流量基本概念进行辨析。综述部分包括信息流空间结构的述评和对信息流影响因素与实物流关系的述评两部分。这些研究大多集中于对信息流静态的、孤立的讨论。本书认为信息不会自动地产生和流动，只有在区域相互作用和联系的过程中才会产生。任何区域之间的信息流动都摆脱不了其周围的环境，包括地理区位、社会网络、和周围区域的关系等。而同样的信息位于不同的区域联系（如中心城市与腹地之间、中心城市之间等）中时，也会有不同的流动方式、不同的规模和层次。因此本书将信息流看作区域之间相互作用的表现形式，希望能够动态地、全面地讨论信息流动的空间结构与形成机制。

第三章是对信息流动情况的现状分析，并据此提出本书的研究框架。区域的信息存量对区域信息创新、吸收和处理效率等都有直接影响，因此本书首先研究了区域信息存量的空间分布特征，信息存量的代替指标用信息化程度和信息载体两种方法，都得出信息存量在空间极化的特征。对信息的需求是信息流动的动力，研究表明社会背景、文化背景等不同的人群对信息需求的层次也不同；从地域上看，网络信息需求也产生明显的分层现象。信息流以实物流为载体又对实物流产生导引作用，因此本书截取了一段时间内我国大城市间航空客流数据，发现航空客流呈现网络化等级秩序，再加上已有文献的研究成果，可以推测信息的空间流动也应当呈现多中心网络化的特征，等级秩序明显。

第四章与第五章为实证检验部分，分两个阶段。第四章从信息流与实物流关系、信息流的社会性和信息流的地域衰减性几个角度分析得出区域信息化发展具有邻近效应，进而得出信息流具有地域依赖性。因此某区域与周围区域信息化发展的相互关系决定了信息流的方向，利用空间自相关方法分析出我国现阶段区域间信息流动的总趋势，并以"极化中心""扩散中心""局部扩散"和"低洼地"对各区域的信息流动状况进行分类。

前面的实证只给出某区域主要接收信息或主要辐射信息，但具体的信息吸收和辐射的方向以及各方向上的规模还不确定。第五章具体给出各区域间双向上的信息流规模。区域的空间相互作用表现为信息的区际流动，因此本章在对空间相互作用诸模型分析的基础上，选用引力模型并进行修正构建区际信息流规模模型，找到31个省、市、自治区间信息流动的规模。结合第四章的实证结论得出我国已经形成三大信息流中心：京津地区、沪苏浙地区和广东省。并对每个中心地区及其腹地以及中部地区和西部地区的信息流进行分析，发现在信息流作用下新的区域等级秩序。

第六章在对前面实证结论分析的基础上提出信息流形成多中心网络化空间结构的内在机制。信息流的规模收益递增性（包括信息流的增值性和衰减性）使得不同信道上信息的衰减和增值程度不同，信息流势必集聚于信息化发展成熟的地区以及它们的邻近地区。信息流动构成社会网络，发现不同结构和联系的网络信息流动的规律不同，处于网络不同位置的区域信息吸收或辐射也不同，从而得出信息流动会在某些网络内或网络间集聚，社会网络关系的强弱以及密度的大小促使信息流的多层极化。

第七章研究信息流的经济效应，数字鸿沟是信息社会凸显的较重要的经济现象，因此本书选取数字鸿沟，定性地研究信息流动对数字鸿沟演变的影响。取 2001 年末到 2007 年末各省、市、自治区互联网、移动电话、普通电话、彩色电视普及率与北京市相对差距衡量各区域在当年的数字鸿沟，将几年来各区域数字鸿沟的变化与信息流动情况相比较讨论信息流对数字鸿沟的影响。

第八章以就业信息为例分析信息流动的社会和经济效应。农民工群体进入城市，从寻职到就业，再到职业流动、社会和经济地位提升的全过程，体现了信息流动的效应。以职业搜寻理论为基础，结合中国当前劳动力市场和农民工群体的特征，构建农民工的职业搜寻模型。并在数理模型基础上，以全国综合社会调查（CGSS）中对农民工寻职过程的跟踪数据，分析农民工职业搜寻过程对其职业流动状况的影响。

第九章是结论、政策含义和研究展望，对本书主要研究结论的概括总结，并指出今后的研究重点和方向。

二　创新之处

第一，研究视角的创新。从区域间联系的角度研究信息流，体现了区域间联系的动态性，也反映了信息流动在空间上的相互影响。

第二，理论上的创新。将空间相互作用理论和社会网络理论加入信息流动研究中，提出我国现阶段信息流动多中心网络化格局形成的结论。

第三，研究方法的创新。从基本理论和信息流动规律出发，在空间自相关模型和引力模型基础上构建信息流动模型，实现了对信息流规模的间接测度。

第二章　信息的空间流动：理论基础与相关述评

第一节　相关概念辨析

一　信息与信息流

（一）信息概念辨析

信息流动自古就有，但由于物质和能源一直占据首要位置，信息对经济和社会的作用不大，一直没有引起重视。直到 1948 年申农信息论的建立，以及维纳关于动物和机器中的通信和控制问题研究成果的问世，信息的概念才开始在通信工程中流行，并迅速蔓延到哲学、语言学、神经生理学等领域。到目前为止，信息已经应用到各个学科各个领域中，据统计已有四十多个学科给出了一百多个信息的概念，本书将其总结为以下几个。

1. 申农信息概念

信息的概念最初在信息论中提出，信息论的奠基人之一美国数学家申农把物理学中的数学统计方法应用于通信领域，在《通信的数学原理》中提出"信息就是能够减少不确定性的东西"（申农，1948）。可以看出申农关于信息的概念针对信息接收者从功能的角度出发，初步解决了从信宿提取由信源发出信息的技术问题。但信息并非只存在于通信领域，信息的功能也不只是"消除不确定"一个。申农的信息理论只研究了信息的外在形式，而排除了信息的含义和价值，没能实现对信息本质内容的揭示，因此只能称为语法信息。

2. 维纳信息概念[①]

科学家们试图从信息与传统科学的基本概念——物质、能量关系的角度阐述信息的概念。基本上与申农在同一时期，维纳从控制论角度研究了信息问题，提出："信息是组织程度的度量，是负熵。"（维纳，1948），从

---

① 此部分参考姜璐、范智《信息定义的探讨》，《系统辩证学学报》2004 年第 2 期。

而把信息概念推到一切组织系统中，也给出了信息的另一功能——组织的有序化功能。另外，维纳认为信息就是"我们适应外部世界，并使这种适应为外部世界所感知的过程中，同外部世界交换的内容的名称"（维纳，1948）。也就是说信息具有交换性，或者叫作共享性。人们可以从信息的交换中获得知识，转化为改造自然和社会的力量。这一概念说明信息又可以看作一个主观的概念，受到信息接收者原有知识结构、处理能力的影响。同样的信息，不同的接收者，接收到的信息和信息量也不相同，这是信息相对性特征的一个方面。

维纳的另一名言"信息就是信息，既不是物质也不是能量。不承认这一点的唯物论，在今天就不能存在下去"（维纳，1948）。从而将信息从物质和能量中独立出来，展开了信息同物质、能量关系的讨论。有科学家给出了相似的信息概念："信息是物质和能量在时空的不均匀分布"，"信息不是物质或能量本身，而是他们的运动形式。"我国学者钟义信（2002）也认为，"信息与物质是既有联系又有区别的两个概念"，"信息与能量之间有质的区别"。物理学家汤姆·斯托尼尔（Stonier Tom）也曾经提出将物质、能量和信息看作支撑人类社会正常运转的三大基石。

申农通信领域的信息概念一般称为狭义信息论，而把维纳控制领域给出的信息的概念称为一般信息论或通信理论，但都是从单纯技术的角度对信息的定义，统称为技术信息论。

3. 哲学领域的信息概念

当代信息哲学创始人，牛津大学哲学家弗洛里迪在1996年提出"信息哲学"的概念，并在其著作《哲学与信息导论》中阐述了信息哲学的研究对象与任务。信息哲学从认识论的高度解释信息的产生、发展和变化的规律及存在的基本形态。认为"信息是泛宇宙存在着的一切事物的状态和多样性，它不依赖于是否被接受、反映而存在"（苑子熙，1991）。从而揭示出了信息普遍性和客观性的性质。哲学上认为，"信息是物质运动的一种存在形式，它以物质的属性或运动状态为内容，是物质运动的一种反映，它的传播或储存借助一定的物质作载体"（戴元光，1988）。因此，不可否认，信息离开了物质和能量将无可附着，信息对物质载体具有绝对依赖性。

本书认为信息是具有"量"和"质"两个层面的，对其的度量不仅有量的大小也有层次的高低。信息是客观存在的，以物质世界为载体，又对物质世界起着导引作用，信息又是主观的，其价值因人而异。

（二）信息流概念及本书对信息流的界定

1. 信息流概念综述

信息产生于世间万物的运动变化之中，变化不停，信息不止，信息价值的实现依赖于信息流动。因此，信息流也成为一种普遍存在的客观现象。信息流具有速度、容量、距离、形式、协同等属性，属性的改善意味着信息运动品质的提升，而处于不同层次，表现为不同状态的信息有不同的流动性。目前对信息流的专门研究不多，不同的学者从不同角度对信息流进行了定义：

信息在相互依赖的有顺序关系的各个环节之间的连续传送，从而构成了信息的活动过程。一个信息流是一个螺旋式循环和不断增值的过程，并形成了信息的一个生命周期（UCLA Workshop，1996）；信息流动是指信息在自然界和人类社会中的自发运动，这种运动是信息的一种自然状态，它不以人的意志为转移（汪丁丁，1999）；信息流就是在信息传输过程中形成的数据流，是相关信息的有序传输集合体；信息的交流形成信息流，决定着信息的共享和转换的效果。信息流的内涵可以理解为各种信息在组织内外部各种载体上按照一定规则流动的过程和处理机制；信息是传递中的知识差，信息流则指人们采用各种方式来实现信息交流，是知识从拥有者向需求者转移的过程，是对知识的收集、传递、处理、储存、检索和分析过程。

2. 本书对信息流的界定

从信息流动过程的角度来看，信息流是从信息拥有者向需求者转移的过程，是对信息的收集、传递、处理、储存、检索和分析活动。相对于物流活动克服了实物体从出发地向目的地空间和时间上的隔离，信息流则解决了无形的信息的传递与存储等在时空上的障碍。或者认为信息流从广义上看，一般指人们采用各种方式来实现信息交流，这包括从人们交谈到采用各种现代化的传递媒介。如果从现代信息技术发展水平角度来狭义地定义信息流，则可看作信息处理过程中信息在计算机通信网络系统中的流动。本书比较倾向于将信息看作生产要素，从要素流的角度谈信息流。信息的流动依赖于载体，对载体既有相对的独立性又有绝对的依附性，同一条信息依赖于不同的载体可能产生不同的流动方式和不同的效应。

本书讨论宏观区域间的信息流，总结上述概念，定义宏观信息流为：

区域各种信息要素由于区域间相互作用而产生，以收益率最大为运动方向，从信息拥有者到信息接收者的传递过程。信息流包括三大要素：信息的输出一方、信息的输入一方以及信息流动的媒介。本书将输出信息的一方称为信源，将接收信息的一方称为信宿，将信息流动的通道称为信道。由于信息的非实物特性，信息的流动对实物具有绝对的依赖性，将信息流动所依赖的媒介称为载体。

二　信息量与信息流量

（一）信息量概念及本书对信息量的界定

1. 信息量概念辨析

信息量是信息论的一个基本概念，由申农于 1948 年正式提出来。申农将信息量定义为"随机不确定性之差"。在《通信的数学理论》中提出统计模型，把信息量看作信宿知识变化的数量[①]。因此这里的信息量不是指"信息"内容的多少或信息符号的多少，而是消除不确定性功能的大小。

李艺（1998）把信息量定义为："信息量是由具体信源和具体信宿范围决定的，描述信息潜在可能流动价值的统计量。"也就是说，信息量产生于信息运动之前，是对信息运动将会对信宿产生价值的预测。针对某个系统而言，其信息量有时也称为信息存量（和信息流量相对应的提法），系统信息存量的改变可能源于信息的流入或流出，也可能产生于经济系统的内部。

姜璐等将信息脱离具体的过程使其客观化来度量信息，将传输过程中，物质性质中不变的物理量定义为信息。但对信息如何度量没能给出有效的方法。

张辑哲将信息量划分为"信息总量"和"信息分量"。将"信息总量"定义为信息量构成的最大概念，指存在于生命体中和生命体外（物理时空）的信息总数量，而无论其内容所指是相异、相近、相同或内容形式完全一样。将"信息分量"定义为信息总量的构成部分，是不同意义下的信息量，所有信息分量之和等于信息总量。"信息分量"包括异指量（第

---

① 申农认为信息量即信息在数量上的规定性，指一种具有确定概率的事情发生时所传递的信息的量度，它反映信息在运动中的变化率，即不同状态间的信息差别，包括主体对客体的不确定性的解除程度。

一分量）、同指量（第二分量）、相对重复量（第三分量）和绝对重复量（第四分量）。信息异指量和同指量的增加意味着新的发现、认识和创造；而相对重复量和绝对重复量的增加也决定着信息行为和信息效应的广度和深度以及信息价值的实现程度[①]。

美国著名情报学家 M. C. 约维兹从决策论的角度研究了信息量的问题，将信息定义为决策时有价值的数据。1969 年，他提出"广义信息系统"，认为信息的获取与传播机构将信息提供给决策者，而后决策者利用获得的信息选择最佳行动路径，并在执行中变成可观察数据。信息又从外部环境和内部反馈数据来修正自己对决策的估价，如此反复多次。因此，广义信息系统反映了信息与使用它的人以及特定场合之间的关系，从而可以从人们接收到信息之后的选择和决策行为来考察信息的质和量。

2. 本书对信息量概念的界定

从上面来看，对信息量概念的认识还没有达成统一，但一致的是信息量是主观的，表示了对信息接收者的价值。信息按信息哲学的理解，表示物质运动的状态和相互联系的描述，因此，本书认为信息应当是状态量。而信息产生于物质运动的过程，只有运动才会有信息的产生，因此对信息的度量也应当是在运动中的。如果把信息描述为信息熵，是个状态量的话，那么信息量便是熵增，是过程量，与信息传播的过程有关。张辑哲给出的概念非常全面而具体，但实际测算时难以界定，因此本书希望通过间接办法界定信息量。

本书将信息量定义为：在信息运动过程中，信息接收者接收信息前后信息能力的提升值。

（二）信息流量概念及本书对信息流量的界定

1. 信息流量概念辨析

信息量通过信息流动而实现，信息流量是信息量的真实值，信息量是对信息流量的预测。信息量大的系统如果不进行信息的传输，没有信息流

---

① 异指量是指信息所指对象不同的信息数量，如天气预报和股票指数。同指量是指信息所指对象相同，但信息所指内容不同的信息数量，如对同一个人的不同评价。相对重复量是指信息内容相同但形式、形态、物质载体却不同的信息数量，如通过报纸和网络传输的同一条新闻。绝对重复量是指信息所指内容和形式、形态乃至载体均完全相同的信息在不同生命体和物理时空中重复存在的数量，如同一本书的多次发行。

量，其价值也得不到体现，这正如一个满腹经纶的学者，如果不与人交流或者不通过专著、文献等方式表达自身学识，其对知识的掌握也就没有价值，因此真实的信息流量比信息量的考察更加具有实际意义。

有关信息流量的概念很少有人提到，往往把信息流量与信息载体流量相混淆，但实际上同为一个单位的信息载体所携带的信息往往相差甚远，如一张报纸和一条短信，就算是同一信息载体，如都为一条短信，其内容不同包含的信息量也不尽相同。再加上信息的主观性导致的信息吸收量的差异，同样内容、同样载体的信息对不同知识背景、地位职业的人而言信息量也完全不同（本书的信息量指的是信息接收者真正吸收的信息量），这给信息流量的概念定义和度量带来很大困难。

2. 本书对信息流量的界定

信息流量是指针对某一次信息在信源与信宿之间的流动，对其中所含信息量的度量，它可能会和信息量相等，是对已经发生具体传播过程的度量。信息流量是和信息存量相对应的概念。相对某信宿而言，信息的流动包括流入和流出，因此信息流量也有信息流入量和信息流出量之分。

本书将宏观信息流量定义为：区域间相互作用引起的，信息从某区域辐射出，经过各种传输载体，到另一区域接收的信息流的规模，信息流是有方向的矢量，因此就某区域而言有信息流入量和流出量。

第二节　相关研究述评

一　信息流空间结构研究述评

（一）信息流的空间分布——集中于世界城市和通信中心

信息流动空间分布的讨论主要集中于对欧美发达国家的实证研究，近年来对网络信息流的研究较多，数据一般利用互联网域名或 IP 地址。

从全球层面来看，Malecki（2000）利用全球主要城市所拥有的主干网带宽与网络数量，发现全球范围的城市信息网络的空间分布倾向于世界城市。Townsend（2001）在分析互联网主干网络容量的全球结构后，提出世界网络城市（networkcity）的崛起。认为全球性城市不再支配互联网的全球地理结构，而只是其中重要的节点。新的通信中心，如圣·弗朗西斯科、法兰克福和中国香港，已经从全球金融中心（纽约、伦敦和东京）的阴影中浮现出来。

在国家层次上，Dodge 等（1998）对英国 IP 地址密度的空间分析，Sternberg 等（2002）对德国互联网域名的城市分布研究，以及 Steineke（2000）对挪威互联网使用的空间形式的解释等。这些文献大多侧重于有关互联网地理属性数据的城市比较，由此考察城市在城市体系中的地位变动。也有地理学者将城市作为节点，光纤作为连接，采用图论的网络测量手段，对互联网进行抽象分析。目前已出现不少此类文献，同样集中于对美国通信设施网络的分析。如 Wheeler 等（1999）尝试对美国所有商业互联网的主干网络进行城市网络分析，从而评价城市在网络中的连接性和可达性。Moss 等（1997）从主干网容量和连接性两方面考察美国主要城市的网络信息空间分布。

关于城市内部的网络信息空间分布的研究文献还很少，但也有学者开始涉足。Zook（1998，2001）曾图解商业域名在美国大都市区（如纽约市和旧金山市）内部的空间分布，结果显示这些域名明显集中于城市的中央商务区。同时，一个地区现有的产业结构在支撑互联网信息生产的发展中也起着重要的作用。Malecki（2000）的研究也有类似的结论。

（二）信息流下的城市组织体系——呈现多中心网络化

信息的流动主要发生在城市之间，Hall（1997）认为，快速和大量的信息流经城市地区是后工业化城市的一个本质特征。不同层次区域间原有空间组织关系在信息流的影响下发生了变化。信息流动对空间结构最重要的影响便是促使一个基于电子通信、物质设施等网络关系之上的新型空间组织出现。对信息流动的城市空间体系分析也是信息流空间结构研究的主要分支。

英国拉夫伯勒（Loughborough）大学的全球化与世界城市（Globaization and World Cities）研究小组将 Castells 的"流空间"概念用于全球城市体系分析，提出一种基于世界城市网络新的元地理格局（metageography）。Kunzm Ann 和 Wegener（1991）的研究指出基于城市间互补与协作的欧洲城市网络化模式，并认为信息流动下的欧洲城市网络将会是一个多中心的合作的网络结构。T. McGee（1994）在谈到印度尼西亚未来发展时指出，信息流整合了印尼，通过互动的电视和远程通信网络，国家空间已"陷落"为瞬时的信息空间，在国家层面，这使得集中化趋势容易。Battern（1995）也认为基于快速交通、信息通信网络与范围经济的新发展模式产生了一种不同于传统中心模式的地域空间组合，即网络城市（Networkcity）。Dematteis G.（1996）描述了欧洲城市体系的三个抽象的空间模型：克里斯泰勒的等级网络、多层面相互联系网络和核心边缘等级网络，他认为多层面相互联系网络代表了信息经济下相互连接的网络组织。Castells（1999）认为："互联网传递信息，它的枢纽处于主要的信息系统，互联网是一种以都市为节点的网络。它没有中心性，但具有节点性，并基于一种网络几何结构。"

也有学者对原有的全球城市体系提出质疑，认为城市之间的信息交流应该是一种更复杂的系统。Zook（2001）通过图示互联网域名在全球主要城市的分布格局，分析全球网络信息市场的生产和消费的动力机制，最后提出了一个问题：信息社会中的全球城市体系是一种"旧的等级体系还是新的网络？"总之，学者们都认为信息流动下的城市体系将是一种多中心网络化的体系结构。

（三）信息流空间结构的国内研究

国内对信息流空间结构的研究还不多。汪明峰、宁越敏（2006）对我国五大骨干网络的空间结构和节点可达性进行了分析，结果表明：中国互联网基础设施的空间格局整体上趋于均衡，节点可达性基本遵循原有的城市等级体系；北京、广州和上海三大国家交换中心和几大区域核心节点城市的可达性位列顶层；节点可达性的高低与城市地理区位存在紧密联系。

张葳、路紫、王然（2005）选取西太平洋（包括东亚和澳洲）12个国家或地区，研究了它们之间电信流的空间结构，概念性地说明了西太平洋国家及地区间电信流空间结构的发展形势。西太平洋地区国际电信流由集中垄断向多元分流的转变以及国际电信流三级中心节点的形成。

董志良（2005）等分析了信息流的等级结构和流动模式，揭示了我国互联网网络结构的空间特征。

张苏梅、顾朝林（2001）曾将创新扩散系统构成要素归结为：创新源、联系通道、空间梯度和扩散空间。创新源是指区域创新活动中起主要作用的知识、信息、管理中心；联系通道则是创新区内实现知识、信息、技术传递的各种途径；空间梯度反映由于创新实力的差异而形成核心与次中心及外围之间的空间差异；扩散空间是指创新源能够辐射、影响的地域范围。并将创新扩散与城市空间体系结构间的关系表示为（图2-1）：

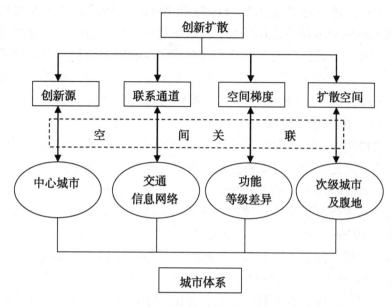

图 2 - 1　创新内扩散与城市体系的关联结构

资料来源：雪琪、程开明：《创新扩散与城市体系的空间关联机理及实证》，

《科研管理》2008 年第 5 期。

二　信息空间流动影响因素以及与实物要素流关系述评

（一）电信流影响因素的实证分析

1. 国外研究述评

西方学者对于电信地理学的研究始于 20 世纪 70 年代，国家间电信流的实证研究大致可以分为三个阶段[①]。

第一阶段，以广泛变量的相关分析为主要内容。Lago（1970）运用美国与 23 个国家及地区在 1962—1964 年的 73 组电信流数据进行相关分析，获得如下结果：（1）时间共性、血缘人口以及电话装置的数量都无关紧要；（2）贸易、旅游以及投资对于电话服务业来说是重要的变量；（3）电话服务的价格弹性强于其他服务业；（4）国际贸易额高的国家及地区，其国际电信流也必然增多。

第二阶段，开始考虑空间因素。空间因素对电信流的作用引发了国家

---

① 本节参考张葳、路紫、王然《西太平洋国家及地区间电信流空间结构研究》，《地域研究与开发》2005 年第 12 期。

及地区间电信流研究的新思潮。Fiebig 和 Bewley（1987）估测澳大利亚与 10 个国家电话交易量的作用模型，同时也进行了发话量的计费分钟量与国家实际 GDP、电话价目表、贸易和短期移居者的回归分析，并提出了区别短期和长期弹性值的方法。次年，他们进一步分析由澳大利亚引起的国际电话话务量。Rietveld 和 Janssen（1990）通过对荷兰与外国国际呼叫量的 27 组观测，确定了回归模型中的解释变量（自变量）：区域/国家 GDP、原始目的地距离、11 个外国的个人和群体特征等，其研究趋向于衡量边界阻碍效应。这是第一次将距离变量引入研究模型中，结果显示多数情况下指向阻碍效应。Hackel 和 Westlund（1995）假设价格弹性恒定，精确描述了瑞典和其主要贸易伙伴（德国、英国、美国、丹麦、芬兰、挪威）的电信需求在 1976—1990 年的变化公式。

第三阶段，涉及了国家及地区间回叫信号流的研究，被认为是一次飞跃。Appelbe 和 Dineen（1993）利用 1988—1999 年每季的数据，分析了加拿大和英国、法国、意大利、荷兰、德国、中国香港、日本、澳大利亚等国家和地区间的呼叫模式。1996 年"空间技术、地理信息和城市"（专门项目）最终报告中提出：电信流与旅游流、信息流、商业互联网流量紧密相关，并且需要发展一个压缩数据包，包括：距离矩阵，旅行时期矩阵模式，交通工具类型和旅行类型交通流，媒介电信流（电话、传真、互联网等）。Barnett George A.、Chon Bum soo 和 Rosen Devan（1998）更创新性地描述了互联网与国际电信流结构的联系，及其与电话率、语言、地理位置、贸易集团、国际移民、学者交流的不同时性。结果表明互联网的结构与国际电信、贸易、学者交流及语言显著相关。美国学者 Jean – Michel Guldmann（1999）对不同地理范围的电信流进行了更系统的空间分析，包括局部地区、整个国家和国际三个层次。Jean – Michel Guldmann（2000）利用丰富的数据，涉及 103 个始发地和目的地，配合一些国家相关的科技和社会经济数据，考虑电信设备效用等，作变量回归分析，有效地发展了国际电信流的空间作用模型。Manfred M. Fischer（2002）利用奥地利国内地区与地区间的电信流数据作为试验平台，又对空间作用模型进行了统计学预测。Becky P. Y. Loo 和 Agnes Y. P. Wong（2002）借鉴欧美学者的研究经验，详细描述亚太地区互联网空间形式与潜在地区因素的发展。

2. 国内研究

路紫（2000）以石家庄发往全国各省份的信函和电话量为例，对电信信息网络受空间距离的影响进行了实证研究。发现通信量所遵循的规律是：在一个距离区段内经济发达或人口众多的省市通信量极大，其他省区则遵循规律衰变。经济与人口因素多是对通信量的距离规律起干扰作用的。在距离变化不太大时，起作用的是经济和其他因素，距离反而成了次要因素。另外，行政区、文化区、贸易区间的信息流通作用多与是否邻近相关。而电信应用的距离特征与使用方式有关，通信传输障碍衰减作用与始发地类型有关。

李彦丽等（2006）对中、美旅游网站进行对比分析并提出了"虚拟距离衰减"预测模式；张葳等（2005）对西太平洋地区国家电信流影响因子及其作用进行了分析，进一步将各种物质流对电信流的作用归结为多种形式。

元媛、路紫、张建伟（2008）以距离衰减模型为理论依据，设计了一套研究我国城市间网络服务器信息流传输随距离变化情况的方法，以中国教育科研网为对象，采用 ping 命令获取国内各测试点之间的网路延迟作为网络距离资料，构建城市间网络距离衰减曲线。

（二）信息流与物流、人流关系的理论研究

信息流作为信息沿通信线路在不同主体间传输的过程，与物流、人流、资金流和技术流一起构成全球范围的"流动空间"，流动成为信息社会空间相互作用的主要形式。信息流的内容源自资金流和物流状态，信息具有的催化、释疑、转换和调控等功能又使信息对资金流和物流的有效流动具有指导作用。H. 巴凯斯和路紫的预测正在被证实：信息通信技术是一个超级基础设施，可以被看作有加强组织秩序的战略性作用，驱动着所有的物质性流动（H. 巴凯斯、路紫，2000）。

1. 信息流与物流间相互作用

信息流提供及时准确的信息，资金流按照需求有计划地完成商品价值形态的转移，再由物流按照资金流的要求完成商品使用价值即商品实体的转移过程，也是现代物流的全过程。因此，信息流是对商品流通活动的客观描述，是资金流、物流运动状态特征的反映，经济信息流对资金流和物流运动起指导和控制作用，并为其提供经济决策的依据。而反过来，信息的传播又要依赖于物的流动，各种信息被集聚在物流中心，经过加工、处理，而后传播出去，物流中心的聚散功能实际上就是对信息的集聚与扩散。可以说，信息流是物流和资金流的先导，是货物流动过程中的依存，是物流结束后的反馈。

信息流对物质流的导引作用可分为四个方面：一是协同作用，指信息流组成的网络空间和物质流组成的地理空间将继续同时存在、相互影响和共同发展；二是替代作用，指信息流替代物质流，网络空间替代地理空间；三是增强作用，指信息技术的潜在应用改善由公路、铁路和航空网所构建的物质网络的容量、效率和吸引力；四是衍生作用，指信息流可以衍生出新的物质流和信息流。具体表现为：首先，信息流的通畅保证了合理运输流向的选择，减少了盲目运输、迂回运输和空驶等现象的发生，促使物流从无序到有序的演进；其次，通畅的信息流保证库存管理的有效性；最后，信息流增加物流系统的透明度，促进物流各环节的整合，进而降低营运成本，提高服务水平。

反过来，物质流又对信息流产生效应。首先，国际贸易对信息流产生正向促进作用，国际贸易额高的国家经济发展快，与其他国家联系密切，由此产生的信息流通自然更多。其次，电话、电脑等电子通信设备的流通为信息流通创造物质基础，通信设备用户增多带来信息流量的增大，由于信息设备所专有的规模递增效应，通信基础设施的普及将对信息流产生倍增效应。最后，商品的流通带来凝聚于商品之上的文化的传播，文化的同化打破了不同文化间交流的障碍，对信息的流通也有促进作用。

2. 信息流与人流间关系述评

信息流对人流的作用早有研究，Adams 等（2003）从新 ICTs 的地理视角，对互联网在促进印度向美国移民中的真实作用进行了定性分析，揭示了信息流对人流的导引作用，Ziming Liu（2004）认为不考虑人流的国际信息流是不完整的信息流理论。交通客流作为人流的一种主要表现形式，对其研究比较多。真虹等（2000）对信息流与交通运输相关性理论展开了深入研究。路紫和张会巧（2003）分析了石家庄市交通导引系统的实施通过对人流的组织产生的对城市空间格局的积极影响。有调查研究表明，在通信不够发达或不能提供方便的服务时，交通运输的客运量中有相当一部分客流的出行目的是进行信息交换。当信息流畅到一定程度时，通信达到甚至优于交通交往传递信息的效果时，部分作为信息载体的客流就有可能被某些通信方式所替代。据英国交通部调查，41% 的城市间交通交往可被通信方式替代，如果通信方式进一步现代化，这一数字还可能再增加20%。我国有关单位也曾先后在 1986 年和 1989 年对旅客出行目的及可被通信方式替代的情况作了调查，发现我国客流量中有信息载体率约占 60%，其中有 35% 可被现有通信方式所替代（刘红、真虹，2000）。因此信息流对交通运输客流具有替代效果。

3. 网站信息流对人员流动的影响述评

随着网络经济的发展，网站信息流成为当今一种重要的信息流形式，对网站信息流的研究也日益增多和深化。吴士锋等（2007）以中国互联网网络发展状况统计报告为例，定量研究了网站信息流对现实人流的部分替代作用，提出了信息流对人流的替代作用具有滞后性并逐渐增强的重要结论。柳礼奎、路紫（2007）在对网站信息流进行定义的基础上，对信息流的流向、流量、流质进行了梳理，发现如果对人流进行划分，网站信息流的导引作用主要表现在以商务、政务、休闲和修学为目的的人流上，引起了人流的集聚、扩散和交叉的分化；如果将导引方式进行分类，主动式的导引方式具有拓宽信息渠道的特点，被动式的导引方式具有增加网站信息流吸引力和智能性的特点，而互动式则具有促使非适时性向适时性转变的特点。刘春亮的论文（2007）发现信息网络与交通网络空间存在一些特定的融合特征，所有的现实空间的参与者都已经或开始被网络空间所改变，地理学的将来会更依赖于网络这种无形的信息空间。

一方面，网站信息流对人流产生替代作用；另一方面，网站信息流对人流产生促进作用或增强人流与其他流态的协同。具体而言，表现在：首先，网站信息流是弥合网民与需求之间信息不对称的重要渠道。信息获取途径的增加、获取速度的快捷，实质上扩大了网民的视野，增加了面对面交流及出行的需求。其次，网民通过网络认识环境、交流见解、沟通情感，这就需要与外界进行信息沟通。网络特有的互动性，网民得以参与到网站信息流的运行当中，如论坛、网络日志、声频、视频即时传送等形成的多方联动的激励机制，从而导引网民对自己的在线和线下决策与行为。最后，个性化的网络信息环境促使网民在网络中发现与自己意向相符或主观需要的信息，使个性化的价值追求得到最大限度的释放，从而产生共鸣以至决定是否出行。智能性的信息流使网民对自身产生的动机给予更高的期望并及时付诸实施。

第三节　信息空间流动研究小结

对于信息流空间分布，学者们都认为信息流主要集中于国际大都市、国内中心城市之间，以及新兴的信息通信中心城市之间，城市内部信息流集中于信息交流频繁的商务区。总之，信息传输的快捷、全球化、信息化的发展并没有使信息的流动均匀分布于全球每个角落，而是集中于全球信息网络中的某些城市之间。信息流的空间分布势必影响区域间等级体系。

对于信息流的空间体系，研究表明信息流动影响下的城市等级体系已经发生了改变，由原来的单中心扩散式等级体系转化为多中心网络化结构。Pierre–Paul Proulx（1995）概括了三种信息流动影响下的城市类型，代表三种不同的信息流动结构。第一种类型包括辅助的专业化城市和区域，它们通过参与城市网络而实现市场接近、规模经济和集聚经济；第二种类型是基于合作基础上的，包括与之联系的金融中心，例如可通过远程通信基础设施、相似的城市功能（如旅游城市）以及交通联系等方面的合作来实现；第三种类型是指处于不同区位但相互补充的公司网络。城市成为联系网络中的节点，信息的流动组成城市间联系组成网络的各边。城市所在网络中位置的不同、联系内容和层次的差异等都影响了城市等级体系。

影响信息流动的因素主要有以下几方面：首先，信息流动受通信基础设施配备状况的影响，如作为传统信息传播媒介的电话等以及网络设施；其次，社会共性也是重要因子，如地理距离以及共同的时间、血缘、语言、风俗等；最后，其他形式流也影响信息流，如贸易流、旅游流等。

总之，首先，过去对信息流空间结构和影响因素的研究都是对掌握的某一种信息，如包裹、电信流等空间数据进行分析，而要研究区域信息化的发展程度以及信息流对经济、社会的影响，仅对一种数据的考察是片面的。信息流包括报纸、包裹、电话、短信、网络等传输方式，对常用信息媒介进行综合考虑才能较准确地研究信息流动的状况和经济效应。

其次，大多数的研究集中于对信息流静态的、孤立的讨论。

第三章　信息的空间流动：现状分析与研究框架

第一节　信息存量的空间极化

一　基于信息化程度的存量空间极化

信息化相对于工业化而言，是飞速发展的现代信息技术与社会经济相互作用的结果。1967 年日本科学技术与经济协会首次提出信息化的概念：向信息产业高度发达且在产业结构中占优势地位的社会—信息社会前进的动态过程。它反映了由可触摸的物质产品起主导作用向难以触摸的信息产品起主导作用的根本性改变。有关信息化程度的测度，1977 年波拉特提出"波拉特法"，将信息产业独立出来，建立以信息部门占 GNP 比例为指标体系的测算模型，依据信息经济占 GNP 的比重与信息劳动就业比重来衡量信息产业规模与信息经济发展的程度。日本学者在 20 世纪 60 年代中期也建立了信息化指数模型，从人类社会发展的社会角度，将信息看作资源要素，研究信息的社会化和社会化信息所引起的经济格局的变更。对信息化程度的测度一直是信息经济研究的热点问题。

我国从信息化起步阶段就将指标体系建设工作放在重要位置。1993 年吉林工业大学靖继鹏先生提出综合信息产业力度法，掀起了我国学者对信息化水平测评研究的热潮，并产生了诸多研究成果。其中最具影响力和说服力的当首推信息产业部于 2001 年 7 月正式公布的《国家信息化指标构成方案》。该方案被业内人士誉为"中国新的现代化标准"，是全球第一个由国家制定的国家信息化标准。

考虑到我国的《国家信息化指标构成方案》中数据的可获得性，并符合我国信息化发展的现状，本书对区域信息化的测度就是采用这一方法列出指标体系的（见表 3 - 1）。

表 3 - 1　　　中国信息化水平综合指数测算与评价的指标体系

要素	指标名称	指标解释（或指标单位）
信息资源开发利用	每千人广播电视播出时间（小时/千人）	传统声、视频信息资源
	每万人图书、报纸、杂志总印张数	传统信息资源的规模
	每千人万维网站点数	信息资源联网使用规模，按域名统计
	每千人互联网使用字节数	互联网（现代信息资源）的数据流量
	人均电话通话次数	电话主线使用率
信息网络建设	每百平方公里长途光缆长度	皮长公里/百平方公里（国土面积）
	每百平方公里微波通信线路	波道公里/百平方公里（国土面积）
	每百平方公里卫星站点数	卫星站点/百平方公里（国土面积）
	每百人拥有电话主线数（含移动电话数）	主线普及率
信息技术应用	每千人有线电视用户数	有线电视的普及率
	每千人局用交换机容量	门/千人
	每百万人互联网用户数	互联网的使用人数
	每千人拥有计算机数	计算机指全社会拥有的全部计算机，包括单位和个人拥有的大型机、中型机、小型机、PC 机
	每百户拥有电视机数	包括彩色电视机和黑白电视机
	每千人拥有信用卡张数	银行信用卡是指金融系统信用卡
信息产业发展	每千人专利授权数	反映我国自有信息技术发展水平
	信息产业增加值占 GDP 比重	信息产业增加值主要指信息技术产业，包括电子、邮电、广电和信息服务业等产业的增加值
	信息产业从业人数占全社会劳动力人数比重	全部劳动力为全社会劳动人口总数
	信息产业出口额占出口总额比重	反映我国信息产业国际竞争力
	信息产业对 GDP 增长的直接贡献率	该指标的计算为：信息产业增加值中当年新增部分与 GDP 中当年新增部分之比

要 素	指 标 名 称	指标解释（或指标单位）
信息化人才	每万人大学生数	全社会累计大专以上毕业生数占全社会劳动力比重
	信息化相关专业在校大学生数所占比重	信息化相关专业在校大学生数占全部在校大学生数的比重
	每万人拥有科技人员数	反映人口科学技术素质
信息化发展政策	研究与开发经费支出占 GDP 比重	该指标主要反映国家对信息技术产业的发展政策
	信息产业基础设施建设投资占全部基础设施建设投资比重	全国基础设施投资指能源、交通、邮电、水利等国家基础设施的全部投资

资料来源：国家统计局国际统计信息中心：《中国信息化水平测算与比较研究》。

本书采用国家信息化测评中心给出的中国信息化水平综合指数测算与评价的指标体系，从信息资源开发利用、信息网络建设、信息技术应用、信息产业发展、信息化人才和信息化发展政策等六个方面测算中国 31 个省、市、自治区信息化发展水平指数。各指标权重的设置依赖专家打分法，国家信息化体系六个要素的权重分别为：信息资源开发利用 15%，信息网络建设 16%，信息技术应用 18%，信息产业发展 15%，信息化人才 20%，信息化发展政策和效果 16%。可以看出，权重的设置代表专家预测的各指标对信息化程度的重要性，分为四个等级：第一级为"信息化人才"，体现人才是信息化时代知识经济发展的核心；第二级为"信息技术应用"，体现科学技术是第一生产力，是知识经济发展的推动力；第三级为"信息网络建设"与"信息化发展政策"，体现信息发展的物质基础和国家支持力度；第四级为"信息产业发展"，体现信息化发展的产业形态和结果。

国家信息化水平测算采用从具体的指标开始，逐项分层加权计算，最后汇总得出结果。其具体计算公式可表示为：

$$\mathrm{II} = \sum_{i=1}^{n}\left(\sum_{j=1}^{m} P_{ij} W_{ij}\right) \times W_i \tag{3.1}$$

其中，II 代表全国及各地区信息化水平总指数的得分，n 为信息化水平构成的要素个数，m 表示信息化水平第 i 个构成要素的指标个数，P_{ij} 为第 i 个构成要素的第 j 项指标标准化后的值，W_{ij} 为第 i 个构成要素的第 j 个指标在其中的权重。照此模型测算得到全国 31 个省、市、自治区信息化发展程度（见表 3 - 2）。

表 3 - 2　　　　　　　　2007 年各省、市、自治区信息化指数

省、市、自治区	信息资源开发	信息网络建设	信息技术应用	信息产业发展	信息化人才	信息发展政策	信息化指数
北　京	10.91	1.73	12.47	9.76	8.62	5.85	8.28
天　津	3.40	0.07	5.80	1.32	3.35	0.16	2.46
河　北	- 1.71	- 1.26	- 1.51	- 1.55	- 0.74	0.05	- 1.10
山　西	- 0.82	- 0.33	- 1.41	- 0.85	- 0.22	- 1.76	- 0.88
内蒙古	1.12	- 2.99	- 2.73	- 0.36	- 0.96	- 1.95	- 1.36
辽　宁	1.06	- 0.19	0.52	0.49	0.43	0.96	0.54
吉　林	- 0.17	- 0.88	- 0.92	0.31	0.11	- 0.98	- 0.42
黑龙江	- 0.61	- 1.83	- 1.72	- 1.25	- 0.14	- 0.23	- 0.95
上　海	6.38	4.79	13.64	7.29	3.44	3.33	6.49
江　苏	- 0.43	2.72	4.33	- 0.53	0.53	0.24	1.22
浙　江	1.75	2.46	7.71	0.78	0.64	0.92	2.44
安　徽	- 1.73	0.98	- 3.37	- 1.17	- 1.03	- 0.67	- 1.20
福　建	0.38	4.61	3.69	- 1.24	- 0.50	0.20	1.21
江　西	- 1.34	- 1.25	- 2.41	- 1.37	- 0.40	0.15	- 1.10
山　东	- 1.05	1.08	0.22	- 2.49	- 0.32	- 0.70	- 0.50
河　南	- 1.86	- 0.97	- 3.72	- 2.69	- 0.98	- 0.07	- 1.71
湖　北	- 1.20	0.62	- 1.22	- 0.39	0.26	0.56	- 0.22
湖　南	- 1.63	0.01	- 3.10	- 0.40	- 0.63	- 0.37	- 1.05
广　东	0.90	4.89	4.74	1.74	- 0.30	0.36	2.03
广　西	- 2.36	0.58	- 1.70	- 0.16	- 1.21	- 1.26	- 1.04
海　南	- 0.79	- 1.99	- 1.34	- 0.66	- 1.13	0.12	- 0.98
重　庆	- 1.47	1.02	1.51	0.90	- 0.33	- 0.46	0.21
四　川	- 1.66	- 0.39	- 1.18	- 1.33	- 0.80	- 1.05	- 1.05
贵　州	- 2.63	2.46	- 4.37	- 1.67	- 1.54	- 0.73	- 1.46
云　南	- 2.51	- 1.81	- 3.80	- 0.97	- 1.38	- 0.63	- 1.87
西　藏	- 0.73	- 4.98	- 5.09	0.78	- 1.33	2.31	- 1.60
陕　西	- 0.75	1.63	- 1.39	- 0.93	0.47	1.04	0.02

续表

省、市、自治区	信息资源开发	信息网络建设	信息技术应用	信息产业发展	信息化人才	信息发展政策	信息化指数
甘　肃	−1.09	−2.37	−3.71	−0.70	−0.83	−0.01	−1.48
青　海	−1.77	−2.89	−3.88	0.62	−1.30	−1.02	−1.76
宁　夏	0.63	−1.69	−3.09	−1.04	−0.77	−1.72	−1.32
新　疆	1.79	−3.76	−3.00	−1.93	−1.02	−1.96	−1.68

　　为了更直观地表示信息化发展程度的区域分布，本书作图 3 − 1、图 3 − 2 表示。从图 3 − 1 信息存量格局图中可以看出，总体上，信息化的发展沿着东中西部依次减弱的方向。而且很明显已经形成了三个发展极：京津地区；沪苏浙地区和广东省，尤以北京市的信息化发展指数遥遥领先，这和北京作为我国政治中心的地位有关。具体来说，各经济中心与腹地的关系基本符合随距离衰减规律，但也不尽然，距离北京较远的山东省信息化程度高于河北省，本书认为这是信息跨越式流动的表现。从信息化各项指数发展程度来看，沪苏浙地区在信息技术应用方面遥遥领先（这也和后边得到上海信息化发展迅速相一致），而信息网络建设方面又以广东地区发展最好，京津地区的信息网络建设落后于其他两个发展中心。

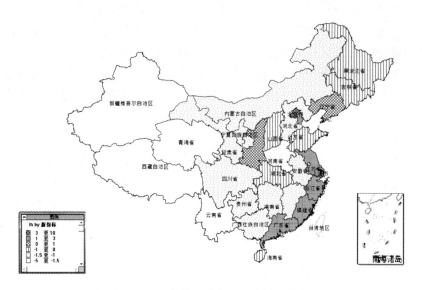

图 3 − 1　2007 年基于信息化程度的信息存量格局

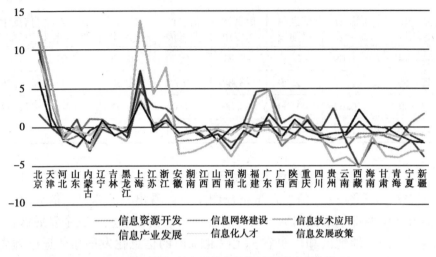

图 3 - 2　2007 年全国信息化各项指数发展程度

二　基于传输载体的存量空间极化

鉴于本书希望找到信息流动与区域经济发展的关系，因此采用经济信息和非经济信息的划分，本书讨论的信息指的是经济信息①。信息本身是看不见、摸不着的，但它可以通过一定的外在表现形式得到体现，通过一定的物质载体进行传递。例如声、光、电，各种符号、记号，都可以是信息的外在表现形式；而实物体的书本、唱片等则是其物质载体。本书即通过对信息传输物质载体规模的测算得出区域信息存量规模。

为了更清楚地看出不同信息的特点，本书对信息的讨论从现代通信信息技术和传统信息传输方式两个方面展开。将函件、包裹、特快专递代表的邮电载体、固定电话表示的电信载体、传统的图书报刊的发行、文化艺术表演和收音机、电视机、影碟机、录音机等传统的电器都归为传统信息载体。而将移动电话、短信等组成的现代邮电载体，音像制品的发行，现代家用电器中的电脑、录像机，以及网络接口，域名申请数代表的现代网络载体，以及专利申请量表示的技术创新都归为现代信息传输载体。

表 3 - 3 中将信息分为三个层次：第一层为传统信息（I_1）和现代信息

---

①　经济信息是反映经济活动实况和特征的各种消息、情报、资料、指令等的统称。不论是在宏观经济还是在微观经济活动中，都存在着大量经济信息，人们通过其接收、传递和处理，反映和沟通各方面经济情况的变化，借以调控和管理生产，实现管理环节间的联系。

（I_2）；第二层按照传输媒介传统信息分为邮电载体（M_1）、电信载体（M_2）、图书报刊（M_3）、文化艺术表演（M_4）和传统电器（M_5），而各种具体传输方式组成第三层（N_1—N_{17}）。第一层现代信息按照传输媒介分为电信载体（M_6）、音像载体（M_7）、现代电器（M_8）、网络载体（M_9）和科技创新（M_{10}），而第三层为各种具体传输方式，即（N_{18}—N_{27}）。

表 3 - 3　　　　　　　　　　　信息分类表

信息类型 I		载体分类 M		具体传输方式 N	
I_1	传统信息	M_1	邮电载体	N_1	函件
				N_2	包裹
				N_3	特快专递
		M_2	电信载体	N_4	固定电话
		M_3	图书报刊	N_5	图书总印数
				N_6	报纸总印数
				N_7	期刊总印数
		M_4	文化艺术表演	N_8	艺术表演团体
				N_9	艺术表演场所
				N_{10}	文化馆和群众艺术馆
				N_{11}	图书馆
				N_{12}	博物馆
		M_5	传统电器	N_{13}	影碟机
				N_{14}	收音机
				N_{15}	录音机
				N_{16}	组合音响
				N_{17}	电视机
I_2	现代信息	M_6	电信载体	N_{18}	移动电话
				N_{19}	IP 电话
				N_{20}	移动短信
		M_7	音像载体	N_{21}	录像制品
				N_{22}	录音制品
		M_8	现代电器	N_{23}	录像机
				N_{24}	家用电脑
		M_9	网络载体	N_{25}	申请域名数
				N_{26}	宽带接口数
		M_{10}	科技创新	N_{27}	专利授权数

为去除量纲不同带来的数据测算误差，其中每一个信息传输载体规模

都取北京的数值 X_1 为 100，其他省、市、自治区规模 X_i 以北京为基数进行数据标准化处理 $X_i \times 100/X_1$。每层信息存量规模为下一层所包含信息传输途径的加权平均数，权数为各区域人口（P）的倒数，反映了人均的含义。

如计算 j 区域通过邮电载体的信息存量为 $M_{1j} = \dfrac{\sum\limits_{i=1}^{3} \dfrac{N_{ij}}{P_j}}{3}$。其中 N_{ij} 为 j 区域 i 中传输载体的规模，P_j 为 j 区域人口数，j 区域的总信息存量规模为 $I = \dfrac{I_1 + I_2}{2}$，并按照占总信息量的比例分等级，以期发现信息存量的区域特征。

表 3 – 4　　　　　　　各省、市、自治区传统信息存量规模

等级	地区	邮电设施	图书期刊	传统电器	艺术表演团体	传统信息总量
I（16%）	上海	107.4	270.2	114.4	208.3	167.7
	北京	100	100	100	100	100
II（34%）	天津	36.1	125.1	77.5	121.9	79.7
	西藏	24.7	35.7	74.8	400.9	75.6
	浙江	45.2	65.8	94.9	152.3	72.0
	广东	40.0	82.1	89.4	77.1	66.2
III（60%）	甘肃	10.7	74.5	72.3	161.4	57.2
	新疆	20.0	38.2	75.0	222.0	56.7
	江苏	28.4	59.9	83.9	80.2	54.2
	陕西	16.3	56.5	70.7	165.3	54.1
	吉林	13.8	75.1	68.2	123.3	54.0
	福建	31.8	34.0	83.8	135.7	53.3
	湖北	14.1	70.5	72.3	100.9	51.3
	山西	13.1	46.2	65.0	185.3	50.7

续表

等级	地区	邮电设施	图书期刊	传统电器	艺术表演团体	传统信息总量
Ⅳ（80%）	青海	13.5	15.9	67.6	266.4	50.3
	辽宁	17.6	57.5	69.7	110.0	49.3
	内蒙古	11.7	32.0	64.5	189.9	46.2
	重庆	11.8	61.3	81.4	63.4	45.8
	云南	10.8	35.0	74.4	125.4	42.3
	江西	12.6	31.5	70.6	116.8	40.3
	山东	14.5	40.4	75.2	73.1	40.3
Ⅴ（100%）	宁夏	15.3	22.5	65.2	142.7	40.2
	广西	11.8	33.8	75.8	99.4	39.9
	四川	10.4	42.4	76.0	77.8	39.9
	黑龙江	14.9	29.1	62.9	124.8	39.9
	湖南	10.0	40.4	69.7	91.2	39.2
	河北	13.4	26.6	71.5	100.8	37.7
	河南	11.1	32.8	66.0	93.9	36.9
	安徽	9.6	29.5	71.9	79.9	35.1
	贵州	7.6	21.8	66.5	71.6	30.1

资料来源：《中国统计年鉴（2007）》。

表3-5　　　　　　　　各省、市、自治区现代信息存量规模

	地区	电信设施	音像制品	现代电器	网络	研发	现代信息总和
Ⅰ（45.8%）	上海	96.1	866.1	97.5	79.2	118.2	266.1
	广东	105.3	403.5	64.2	59.3	58.1	151.5
	北京	100	100	100	100	100	100
Ⅱ（71.4%）	福建	45.8	229.3	53.5	41.2	17.3	83.2
	天津	44.2	115.8	51.3	24.6	73.6	59.8
	浙江	59.4	31.4	61.2	47.3	63.3	51.1
	江苏	40.1	18.9	48.2	34.7	41.9	35.3
	辽宁	23.4	63.6	28.9	19.2	23.7	32.0
	山东	21.3	34.4	41.8	23.1	24.4	27.3

	地区	电信设施	音像制品	现代电器	网络	研发	现代信息总和
Ⅲ (81.8%)	湖北	15.4	41.3	37.6	14.1	15.2	23.3
	陕西	22.3	29.1	27.0	12.1	9.1	20.6
	重庆	13.9	22.6	53.4	12.0	13.7	19.8
	吉林	15.6	31.0	26.5	10.4	10.0	18.5
	河北	17.4	23.7	33.9	13.2	6.2	18.4
	江西	13.4	35.5	29.1	8.9	4.3	18.0
Ⅳ (90.3%)	湖南	13.9	24.3	30.6	12.0	9.6	17.2
	新疆	29.6	3.2	21.9	9.4	6.5	15.8
	内蒙古	19.3	21.6	20.7	8.0	4.8	15.8
	四川	16.1	11.3	29.4	16.1	9.5	15.8
	广西	16.5	13.0	36.2	10.5	3.5	15.1
	山西	18.9	11.3	27.7	12.1	4.9	15.1
Ⅴ (100%)	宁夏	26.8	3.7	20.1	9.1	6.6	14.7
	黑龙江	17.4	3.1	22.5	13.5	10.1	13.1
	安徽	13.3	14.6	26.5	8.8	4.5	13.1
	西藏	22.4	12.5	7.3	4.2	1.8	12.2
	河南	14.5	4.1	27.3	10.9	7.3	12.0
	云南	16.3	6.5	24.8	7.9	4.0	11.9
	贵州	11.0	17.5	23.1	5.3	4.2	11.7
	青海	19.8	0	23.3	6.8	3.5	11.1
	甘肃	11.6	6.2	22.0	6.5	3.3	9.5

资料来源：《中国统计年鉴（2007）》。

为了更直观地看出信息存量的区域分布，本书作图3-3、图3-4。结果发现，信息存量的空间分布非常不均衡，极化现象明显，而尤以现代信息存量的集聚为甚，可以推断全国信息存量的不均衡分布主要来源于现代信息空间分布的差异。

首先，从现代信息传输载体的空间分布来看，仅上海、北京和广东就

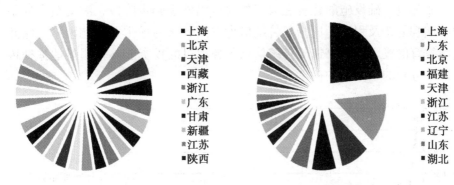

图3-3　基于载体的传统信息存量格局　　**图3-4　基于载体的现代信息存量格局**

占了整个信息存量的45.8%。全国现代信息存量的70%由东部地区占据，而广大的中西部共21个省、市、自治区仅占30%。将比较典型的现代信息载体：电信设备、现代电器、网络建设和科研创新列在一起相比较来看（见图3-5），现代电器和电信设备在区域间的波动较大，而科研创新和网络建设在广大欠发达地区还处于起步阶段，这也刚好印证了大多数学者对我国数字鸿沟状况的分析，认为如果将数字鸿沟的发展分为两个阶段（数字接入和数字应用）的话，那么对我国大多数地区而言面临的仍然是最基本的数字接入上的差距。因此要弥补这一信息存量分布上的不均衡，基础设施建设应当是首要一条。

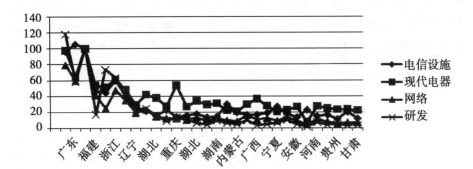

图3-5　2007年现代信息载体数字鸿沟比较

其次，传统信息的分布较现代信息要相对均衡一些，但储量较多的前几位仍然是京津地区、沪苏浙地区和广东省。在前34%的传统信息储备中，除西藏外其他全部为东部省份。从最典型的传统信息载体——邮电设施、图书期刊和传统电器的比较来看，传统电器的区域分布基本上波动不大，而邮电基础设施的建设在大多数地区仍处于起步阶段，波动最大的是图书期刊的普及程度，成为对传统信息空间分布的最主要影响因素，因此科学教育的投入、图书馆等传统信息服务项目的投资能够较明显地弥补传统信息分布的空间不均衡。

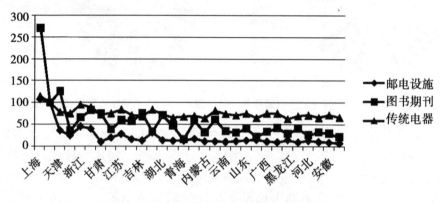

图 3-6   2007 年传统信息载体数字鸿沟比较

第二节   信息需求的空间分层

信息作为一种非实物形态的生产要素，不仅有规模也有质量。同等规模、不同层次的信息对区域信息化的促进作用完全不同。同样是对网络信息的利用，对网络八卦新闻的被动接收和通过网络实现的经济信息互动，或者同等规模的打工流和航空客流携带的信息也不同。因此还需了解各区域间流动信息的层次分布。

一   不同人群间信息需求的分层

信息的流动源于对信息的需求，因此考察不同区域信息需求的差异就可以了解区域间信息流在类别上的差异。有关不同领域群体信息需求的研究从 20 世纪 40 年代以来一直是信息需求研究的重要部分。Majjd 等人发现马来西亚农业科学家的主要信息来源是期刊和评论文章以及同行间非正式的交流。Floster 指出社会科学家一般通过引文追踪获取信息，而不会寻求目录、索引等的帮助。Swinglehurst 研究了英国基础保健医生的信息需求，认为需要培养他们的学术视野和服务视野。Helena 调查了临床研究者的信息需求，发现 94% 的用户以因特网为主要信息来源。Otike 和 Matthews 分别调查了英国和肯尼亚律师的信息需求，发现他们的信息来源是印刷型媒体。

　　国内近期也对不同层次受众的信息需求特点进行了大量的研究。朱婕、靖继鹏将网络信息用户分为对网络计算机的熟练用户、不熟练用户；对网络信息资源使用深度的核心用户和专业用户；直接用户和间接用户；显式用户和潜在用户等。很多学者把农民这一特殊群体的信息需求作为研究的对象，发现农户最关心的信息是投资少见效快的实用技术信息和农产品市场需求信息。刁松龄分析了外来农民工的信息需求，发现返乡型农民工群体中职业介绍信息、社会交往信息、医疗信息和文化生活信息需求较大；徘徊型农民工群体更需要技能培训信息，而融入型农民工群体需求信息最多的是政策信息、医疗保险、社会保障、职业培训、子女入学等信息。魏力更对高校内不同层次群体的信息需求进行了研究，发现教师既需要公开出版的图书、报刊，又需要非公开发行的会议文献、学位论文、内部资料以及网上论坛和电子邮件在内的"灰色文献"。而硕士生、博士生对互联网的使用率高，习惯于用网络等非正式渠道与同行交流，特别对外文资料以及国内外同行的最新研究信息需求明显。本科生的信息需求由他们的学习任务决定表现为阶段性和综合性的特点。而管理人员对文献信息源的依赖性不强。

　　看来人群之间的信息需求分层明显，不同行业或同行不同学术背景、社会背景的人也有不同的信息需求，依赖于不同的信息传输媒介。反映在区域上，某区域占有最大规模人群的信息需求代表了区域的信息需求，反映为该区域信息流的层次。

二　不同地区间信息需求的分层——以网络应用需求为例

　　在 2008 年 1 月中国互联网络信息中心发布的《中国互联网络发展统计报告》中给出了网络使用的地区分布，将互联网的应用分为互联网基础应用、电子政务、网络媒体、数字娱乐、电子商务和其他共六大类。对 30 个省、市、自治区（由于贵州的样本量较小，没有显示贵州）各类网络应用比例的调查数据，充分显示了信息需求在区域间的分层，进而引起信息流的分层（见表 3 - 6）。

表 3 - 6　　　　　　　　　　　　网络应用使用率

网络应用		使用率（%）	用户规模（万人）
互联网基础应用	搜索引擎	72.4	15204
	电子邮件	56.5	11865
	即时通信	81.4	17094
电子政务		25.4	5334
网络媒体	网络新闻	73.6	15456
	更新博客/个人空间	23.5	4935
数字娱乐	网络游戏	59.3	12453
	网络音乐	86.6	18186
	网络影视	76.9	16149
电子商务	网络购物	22.1	4641
	网上支付	15.8	3318
	网上银行	19.2	4032
其他	网络求职	10.4	2184
	网络教育	16.6	3486
	网上炒股票基金	18.2	3822

资料来源：《中国互联网络发展统计报告》2008 年 1 月（http：//cnnic. net. cn/hlw-fzyj/）。

（一）网络信息应用深度的区域差异

互联网最基础的功能即提供信息，搜索引擎是网络应用的最基础的应用。目前 2.1 亿网民中 2000 年及以前上网的网民搜索引擎使用率为 89.1%，反映在区域上，上海和北京网民的使用率最高，均超过 80%，西部省份的搜索引擎使用率较低，尤其是西藏、广西和青海，基本上沿着东中西部的方向依次递减（见图 3 - 7）。

网络音乐收听率居中国各项网络应用之首，半年内已有 86.6% 的网民收听过网络音乐，网络已经成为音乐重要的传播渠道。从网络音乐网民的地域分布看，海南、四川和安徽的网民收听网络音乐比例较高。北京和上海这类大城市的比例相对不高。而从下载音乐比例上看，则北京和上海最高。

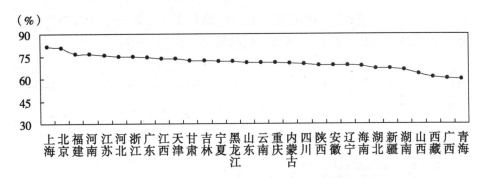

图3-7 2007年各省、市、自治区搜索引擎使用率

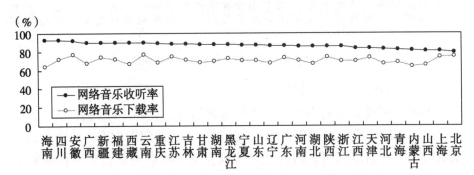

图3-8 2007年各省、市、自治区网络音乐使用率

社会发展的多种因素造成了网络影视的迅猛发展，宽带点播的普及，视频网站的兴起都是网络影视扩散的动因。地域不同，观看和下载网络影视的比例也不太一致。北京和上海的在线观看比例明显低于其他省市，但下载比例又高于其他省市。

搜索引擎的使用率直接表示了区域对网络应用的深度，应用越多，从网络获取的信息量也越大，对经济、生活的导引作用也越强，进而促进信息意识和信息能力的增强。对网络音乐和影视的使用包括在线收听（观看）和下载。下载表示对网络信息更深层次的应用，信息处理能力的增强。数据非常有代表性，北京、上海的在线使用率最低而下载率最高，表示网络应用能力在区域间的分层明显，进而信息流产生区域极化。

可以看出，信息存量规模较大的区域在电子邮件、网民自主创造内容等信息的普及率都很高，而这些网络利用方式都实现了对网络信息接收后的主动反馈，从而使接收到的信息价值得以最大限度的实现，并通过对信息的加工处理使其更加有序化，价值增加，这是对网络信息使用的最高层次。在信息存量规模较小的西部地区，网络使用主要倾向于如收听网络音乐、观看网络电影等对网络信息的被动接收（见图 3 - 9）。

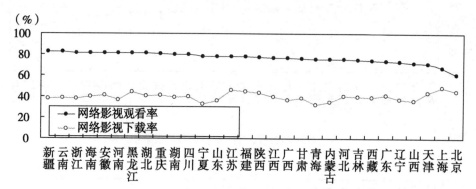

图 3 - 9　2007 年各省、市、自治区网络影视使用率

（二）网络需求种类的区域差异

CNNCI 调查显示 25.4% 的人访问过政府网站，即半年内有 5334 万人访问过中央政府或者地方政府网站。政府网站的访问层次有三个方面，最基础的一层是信息浏览，包括政策法规介绍、政府通知公告和政府新闻等；再一个是网上办事，包括下载表格、在线申请业务等，即把部分柜台业务挪到网上，提高办理效率；第三个方面是网站互动交流，包括在线咨询、建议、投诉等。电子政务水平越高，各方面的应用率就越高。中国网民的行为主要还集中在第一个方面，第二方面和第三个方面的参与度不高。目前访问政府网站的网民中，仅有 2.5% 的人在网上办理税务/企业注册等业务，在线互动交流的人群也仅有 3%。

中国各个省市经济发展水平不同，对政府网站建设的重视程度也不同，网民访问政府网站的比例存在一定差异。北京是中国的首都，政府网站访问率最高，半年内有 34.3% 的北京网民访问过政府网站。京津地区腹地受其影响，对政府网站的访问率也较高；其次为沪苏浙地区及其腹地、广东省及其腹地，访问率最低的是西部地区。

低年龄、低收入和低学历是网络游戏用户的三个突出特点。就地区而言，重庆和四川网民玩网络游戏的比例非常高，两地比例都高于 67%，即半年内每三个网民中就有两个玩过网络游戏。北京网民玩网络游戏的比例是全国最低的，半年内有 51.7% 的网民玩过网络游戏。这个数据也和重庆、四川的社会环境相符。

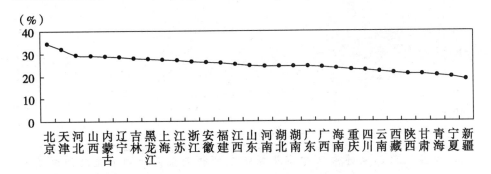

图 3－10　2007 年各省、市、自治区网民的政府网站访问率

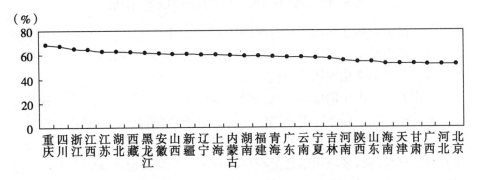

图 3－11　2007 年各省、市、自治区网民玩网络游戏的比例

　　网上购物和网上销售是互联网作为商务平台工具的重要体现。网民和商家可以通过互联网平台，各取所需，共同获益。2007 年 12 月，中国网民网络购物比例是 22.1%，购物人数规模达到 4640 万。而美国 2006 年 8 月网上购物的比例则已经达到了 71%[①]。从地域上看，上海和北京为网上购物第一梯队，购物比例最高，分别达到了 41.4% 和 36%；四川、浙江和江苏构成网上购物第二梯队，这三个省的网上购物比例也相对较高，分别达到了 28.7%、27.9% 和 26.6%。其他省份的网上购物比例则偏低，还需要更多的市场培育。

　　除了信息化程度、网络普及程度、学历高低等因素对网络信息需求种类的影响之外，区域的社会、文化、风俗习惯等都会影响到对信息的需求。如在对政府网站的访问率上，北京居于首位，半年内有 34.3% 的网民访问过政府网站，这和北京作为我国政治中心的地位有关。而重庆、四川

---

①　数据来源：www. pewinternet. org。

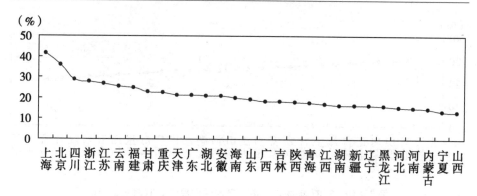

图 3 - 12　2007 年各省、市、自治区网上购物比例

网民玩网络游戏的比例相当高，都高于 67%，半年内每三个网民中就有两个玩过网络游戏。另外，这两地的网民对网络音乐和网络影视也很感兴趣，这和两地的文化和风俗习惯有关。

总而言之，由于网络经济是消费者需求方经济，消费者的需求决定了信息流动的方向，而不同的文化、风俗、市场培育状况、信息化程度等都造成了对网络信息需求种类的不同，也就形成了多元化的信息流向。信息化发展程度较高的区域间信息流动层次较高，是对信息的主动反馈、整合和应用，促进了区域的创新，形成创新源。而创新源也成为信息输出源，掌握着主动权实现对其他区域的信息控制。而信息化程度较低的地区受到教育程度、基础设施等因素的影响，其信息交流还停留在被动接受阶段，对信息的处理和应用能力差，信息对经济社会的作用难以发挥，这也是有些区域看似信息流动活跃但信息化发展仍然比较落后的原因。

第三节　我国主要城市间航空客流的空间格局分析

交通运输网络是形成城市体系网络系统的物质条件和必要前提（周一星、胡智勇，2002）。虽然航空运输只涉及我国约 21% 的城市，但由于它能够直接反映城市间的交易流和连通度，越来越多地成为国家和国际级城市体系研究中被广泛应用的一个重要指标（Keeling D. J.，1995）。城市间航空客流已经成为城市间相互联系研究的重要途径。Simmons 最早利用 1971 年航空旅客流动资料对加拿大城市体系的等级层次、城市间的航空联系及各种新的影响范围进行研究。Murayama 利用 1976 年加拿大和美国共 91 个城市间航空客流资料对加拿大城市系统的开放性和独立性问题进行定量研究。村山佑司在 1976 年利用加拿大 45 个城市 1961—1975 年航空运输联系的变化来分析加拿大城市体系结构的变化。

尤其是本书对信息流的研究，基于乘坐飞机的乘客在社会地位、经济地位等方面的优势，他们所交流的信息对经济社会发展有较大的作用，本书通过网络航空订票系统提供的各航班某一时刻剩余座位数以及各航班座位总数等资料，提取了 2009 年 5 月 17 日晚 17：00 到 23：00 之间（基于周日晚乘坐飞机乘客中大多数为度假后开始工作的商务客流，能够更大限度地反映信息流，因此选取这一时间截取数据）各主要城市间航空客流的数据，希望通过了解我国城市间航空客流的空间格局，基于信息流对人流的导引作用以及人流对信息流的携带与附属，航空客流在一定程度上能够反映信息流的空间布局。

下面几个图描出了这一时间段内规模较大的航空客流，以箭头的方向表示航班的方向，以线的粗细表示这一方向上乘客的人数。从航空客流来看，明显形成北京、广州和上海三个中心，而航空客流最大的线路也在三个中心之间。可以推测北京、广州和上海作为我国的三大经济发展中心，也已经成为信息创新和流动最活跃的三个中心。为进一步了解三大信息中心各自辐射的范围，本书又对它们流入和流出的客流量进行了分析（见图 3 – 13）。

图 3 – 13 三大中心间航空客流量

从北京的客流量图来看，北京的航空客流主要发生在东北三省和中西部的部分地区。长春、哈尔滨和西部的成都、重庆和西安，形成以北京为中心航空辐射圈的第一层，在西部地区通过西安又进一步辐射到兰州和昆明，以及在中部地区形成较弱影响的长沙和南昌形成辐射圈的第二层。由于北京作为政治中心和经济中心的特殊地位，航空客流辐射范围较广，可以预测北京的信息辐射范围也大体产生于这些区域之间（见图3－14）。

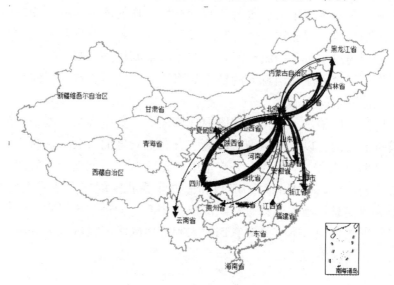

图3－14　以北京为中心的航空客流量

从上海的客流量图来看，上海的影响范围主要集中于东部和中部地区。东部的广州、南京和杭州之间，再加上西部的西安和中部的长沙形成以上海为中心航空辐射圈的第一层，与中部的武汉和郑州以及东部的济南也有较弱联系，形成辐射圈的第二层，通过长沙和武汉与成都形成的经济联系，以及通过西安与银川形成经济联系，因此成都和银川作为辐射圈的第三层（见图3－15）。

从广州的客流量图来看，除了三大中心之间的客流量之外，广东主要影响到华南地区和中部诸省。东部的南京和杭州以及西部的成都是与广州联系最密切的地区，形成以广州为中心航空辐射圈的第一层，中部的长沙、西部的贵阳和昆明以及东北的沈阳联系较弱，形成辐射圈第二层，通过杭州到郑州是辐射圈的第三层。打工流是广东省来往客流中很大的一部分，由于打工流从受教育状况、社会网络等方面对信息交流影响不大，因

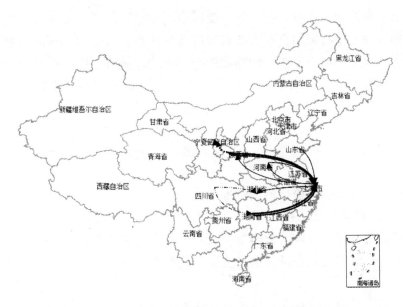

图 3 – 15　以上海为中心的航空客流量

此在信息流的考量中打工流的权重也不应太大，而通过航空流预测的信息
流刚好去掉了这一部分（见图 3 – 16）。

图 3 – 16　以广州为中心的航空客流量

从上面的分析来看，我国各主要城市间航空客流形成多中心网络化空间结构，每一中心辐射全都形成自身的等级体系。因此本书预测这些城市间信息流也应当形成多中心网络化的空间结构，城市之间的联系由于城市规模、科教水平、信息基础设施建设等的不同而形成不同于过去的等级体系。

第四节　提出假设：信息流多中心网络化的空间结构

一　信息流空间极化假设的提出

（一）规模的空间极化——基于信息存量与信息流量关系的分析

区域信息存量与该区域信息吸收和信息辐射的关系密切。从信息论的角度来讲，信宿信息存量与信息流动的关系与实物要素存量与流量的关系不同：

首先，某信宿信息存量的改变可能源于信息的流入或流出，也可能是由于信宿内部信息的产生。另外，信息流入导致信宿信息存量的增加，而由于信息的共享性，信息的流出不一定使得信息存量减少。其次，信息存量与信息流量之间并不是简单的线性关系。英国著名情报学家布鲁克斯曾提出著名的基本方程式解释了信息存量与信息流量之间的关系：

$$K[S] + \Delta I = K[S + \Delta S]$$

其中 $K[S]$、$K[S + \Delta S]$ 分别表示吸收信息前后知识结构状态，ΔI 表示该知识系统吸收的信息量。因此，信息的吸收不仅是信宿在信息拥有量上的累积，也使信宿知识结构发生质的改变。无论信息的流入还是流出都表示了区域信息流的活跃程度，信息流动越活跃信息存量也越大。反之，信息存量较大的区域，对区域外信息的吸收能力也较大，能够吸引更多的信息输入，创新能力的增强又有助于产生更大规模的新质信息，信息的输出规模也较大。

从经济学的角度来看，信息存量大的区域，以存储和处理信息为主导的信息产业将会发展得更好，那么信息的流动势必会更加活跃，因此信息存量大的区域信息的流出量也会更大。另外，信息作为生产力的一部分，其流动也应当是倾向于收益最大的区域，由于信息存量较大区域信息网络基础设施较好，人们接收和处理信息的能力较强，因此这些区域也是信息收益较大的区域。所以可以推断信息的流动大多会发生在信息存量较大的区域之间。上文已经发现信息存量集聚现象明显，京津地区、沪苏浙地区和广东省是其集聚地。

据此可以提出假设：信息流动将集中于信息存量较大的区域之间，产生规模上的极化。

（二）层次的空间极化——基于信息需求与信息流关系的分析

各种要素流生成和发展的动力机制可以抽象为通道、引力和势能。交通与通信技术的发展，使支撑要素流动的通道得以形成，全球顺畅流动成为可能。全球化的经济合作和贸易交流，以及在此基础上形成的全球资源整合，构成了全球化生产要素流动的需求驱动，是流动产生的引力。不同区域地理势能的差异构成生产要素流动的动力决定流动的强弱。其中对信息的需求是信息流动产生的动力机制，区域对信息的需求引导了信息流动的方向。

所谓信息需求就是人们在从事各项实践活动的过程中，为解决所遇到的各种问题而产生的对信息的不足感和求足感（葛园园，2006）。从信息论的角度来看，信息消费的过程包括信息需求、信息获取占有、信息吸收处理和信息创造四个阶段，可见信息消费始于信息需求。信息需求具有层次上的划分，科亨（Koxhen）曾将其划分为客观状态、认识状态和表达状态三个层次；以马斯洛的需求等级理论①为基础，韦尔提出信息寻求行为等级图（hierarchy of information-seeking behavior），认为一个人在等级中的位置决定着他的信息寻求行为，而且只有在一个层次的信息需求得到满足之后，才会致力于获取更高层次的信息。只有当低层次的需求暂时得到满足，个人才会短期内在更高层次往返。当指向人们的某些信息在某些个人的需求等级位置看来无关紧要时，信息鸿沟就出现了（孙凌云，2006）。也就是说，信息需求的分层导致了主体真正吸收到的信息的分层，从而导致信息流在层次上的分化。

信息的需求具有马太效应。一般来说，用户对信息需求量越大，其积累的信息量越多，对信息需求的水平也就越高；反之，信息需求量小的用户，接收到的信息少，处理信息的能力低，其信息需求也就下降。长期以来便会形成在信息需求规模上的分层。另外，信息的需求也受到诸多因素的影响，当信息需求主体在人际互动和社会实践中形成相对稳定的社会关

---

① 马斯洛的需求等级是从人类的最基本需求——生理需求开始，往上为安全需求、爱和归属需求、自尊需求，以及最顶端的自我实现需求。

系时，就决定了用户对信息需求的层次，使得信息需求的层次具有一定的稳定性，从而形成信息需求在质上的分层，这种分层也具有循环累积的效应。就个人而言，对信息需求产生影响的包括环境、个体和社会等客观因素，和经济能力、信息能力、组织结构、个人爱好、专业特点等主观因素（朱卫东，2005）。就某区域而言，信息的需求受到区域通信基础设施建设状况、科学教育水平、城市化率、社会人文环境等因素的影响。这从上面各层次网络信息需求的地域分布中可以看出。

据此可以提出假设：信息流在质上势必形成空间极化，信息需求在质上的分层导致信息流的分层。可以进一步预测，对数字鸿沟的弥合最重要的在于各区域间信息流在层次上的分化，而不是规模上的差距。

二　信息流空间网络化结构假设的提出

中国航空网络与城市体系的规模等级存在相互对应的关系，而城市等级和规模的不同又反映为信息流动规模、层次、方向等空间特征的差异。越来越多的研究认为，城市间航空客流的优先联系形成了显著的"轴—辐"系统，以最主要的航空港为轴心，其他航空机场为附属，形成具有密切联系的类似"自行车轮子"的空间网络联系交流体系。对于我国各大城市之间航空运输空间格局，有些学者给出了一些实证结论。金凤君通过1998年的数据研究发现，北京、上海和广州是我国航空运输网络中的一级枢纽，以其为核心形成三个"轴—辐"地域系统：北京是北方地区，包括东北、华北和西北地区；广州是华中、华南和西南的轴心枢纽，而上海仅仅是华东地区的轴心枢纽。昆明和乌鲁木齐是两个最具地方意义的航空枢纽。郭文炯、白明英（1999）研究认为我国的航空网络以北京、广州和上海三个全国性中心为顶点的三角形联系网络，以西安、成都、昆明、沈阳、大连为区域性中心的网络结构。不同等级城市间形成以北京为中心的纵向联系为主的城市网络，同级城市间横向联系相对薄弱。从影响地域上看，北京主要影响华北、东北、西北和西南的成都，广州主要影响中南和西南的重庆、昆明和贵阳等，上海主要影响青岛以南厦门以北的沿海地域。这些结论都与本书得到的航空客流空间结构一致。

航空客流与信息流之间关系密切。王杨、孙中伟、樊莉莉（2006）提出：个人根据自身认知基础，对接收到的有用信息进行提取并抑制或排除无用信息，而后将有用信息储存在大脑内并对其进行深层分析和加工，最终获取知识的过程正是个人行为决策产生的基础。而人的行为又会丰富和完善人的认知基础，同时又会有相关信息反馈到行为环境中，从而构成一个"信息获取—信息认知—信息处理—信息转化为知识—知识指导行为—信息反馈"的完整的决策过程，也就是信息流对人流的引导过程。这种引导作用在航空客流中表现得尤为显著。

基于航空客流的多中心网络化布局，可以提出假设：信息的空间流动也形成以北京地区、上海地区和广州地区为中心，以各大城市为主要节点的多中心网络化格局。

第五节　本书研究框架

本书研究的目的在于讨论我国现阶段信息流动的空间结构与形成机制。将信息流动看作区域间空间相互作用的表现形式是本书的基本前提。信息的主观性带来对信息流规模直接测度的困难，信息的吸收引起接收主体信息能力的提升，选用主体信息能力的提升来间接度量信息流是本书的实证前提。研究框架大体沿着文献与理论阐述、现状分析提出假说、实证检验与分析、机制分析、效应分析的过程展开。

通过对已有信息流相关文献的综述发现过去的研究大多基于静态的、孤立的视角，本书将信息流看作区域间相互作用，因此两区域间信息流动不仅受到该区域过去信息流状况即信息存量的影响，也受到周围区域信息流动状况的影响。本书的研究视角是动态的、整体的。

信息化的发展受到周围区域的影响，非实物形态的信息流动依赖于实物载体的运动，因此信息的流动具有邻近效应。信息的交流形成朋友圈、交际圈，组成社会网络，处于同一社会网络中人们之间的信任平台又进一步促进了信息交流。本书以信息流的邻近效应、空间相互作用理论和社会网络理论为研究的理论基础。

模型的构建也是基于上面的理论基础。信息流的地理依赖性使我们利用空间自相关模型研究信息流积聚与扩散具有理论基础和可行性，用"极化中心""扩散中心""局部扩散"和"低洼地"将各区域信息流动的方向进行分类。基于空间相互作用理论选择吸引力约束条件下的引力模型并根据信息流特征利用负指数修正距离等因素构建信息流规模模型，得出31个省、市、自治区间信息流双向规模。两实证结论相结合找到信息流的空间结构——多中心网络化和信息流下新的区域等级秩序。空间自相关模型和引力模型是本书实证模型构建的基础。

对实证结论进行分析，从信息流的规模报酬递增性和信息流动形成社会网络的关系与结构两个方面分析信息流多中心网络化空间结构形成的机制；以数字鸿沟的演变为代表分析信息流对经济、社会的影响效应。

第四章　信息流空间集聚与扩散趋势的定量分析

新的电子通信技术正在影响着城市的兴衰，这已经为大家所共识。在世界上许多城市丧失作为公司总部和制造业中心地位的同时，也有新的城市和地区迅速成为信息流的集聚地，吸引大量的信息密集型活动，在竞争中脱颖而出。越来越多的研究发现信息流动活跃的区域或者说信息流集聚的区域，其信息化发展程度也较高。因此，在讨论信息流空间结构之前，我们需要首先了解信息在我国各区域间流动的大体方向，哪些区域集中于信息的吸收，哪些区域主要进行信息的扩散，也即信息流空间集聚与扩散的趋势。

就某区域而言，信息的流动包括流入与流出。信息的流入与流出是相对的，只是考察的主体不同而已。从信源来看是信息流出，从信宿看便是信息流入。信息流入实现生产要素的集中而流出体现了对周围区域的影响力。信息的流入给区域带来新鲜的知识和技能，灵感的激发和创新氛围的培养，进而提升信息意识和信息能力，创新能力的提高产生更多更具竞争力的新的信息，信息流出的过程既实现了与区域外的交流也体现了对其他区域的影响力。因此信息的流入与流出对区域的信息化发展同样重要，对信息流在空间的集聚与扩散双向的讨论也成为信息流研究的重要内容。

第一节　信息化的地理邻近效应

简单地说，邻近性就是指网络中不同主体间具有共性的"类"或"群"的特征。在区域地理学中将其分为：地理邻近性、社会邻近性和行业邻近性。地理邻近是指区域创新主体间在地域或空间上的距离很近，能够保证其实现顺利交流，使其不成为障碍的特性。地理邻近下的面对面的机制有助于隐性知识的生产和流动。社会邻近与社会嵌入性有关，美国社会学家格兰诺维特认为行为和制度是紧密相连的，人们经济行为同社会行为一样，是深嵌于社会的共同文化和制度环境的。社会邻近又可分为组织邻近、文化邻近和制度邻近等方面。具有相似价值观和信仰的区域，哪怕在区位上不相邻，也有可能发生创新的扩散。行业邻近是指网络主体处于相同或相近生产领域的特征，它们可以利用相似的工业生产相同的产品，呈现一种横向的竞争关系，也可以处于同一产业链的不同阶段，呈现为一种相互合作的纵向关系（李福刚、王学军，2007）。

经济地理学也认为，任何事物都与其周围事物存在联系，但与之相近的事物与其联系更紧密，几乎所有空间数据都具有空间依赖性或空间自相关特性，即一个区域单元上的某种地理现象或某一属性值与其邻近区域单元上同一现象或属性值具有一定的相关性（王峥等，2005；张馨之等，2007；李航飞等，2007）。

可以说，邻近效应发生在世界几乎所有实物要素上，但信息和其他实物状态生产要素不同，信息具有无形性以及信息流动的瞬时性，尤其是网络等通信技术的进步和基础设施的逐渐普及，许多限制生产活动区位的本地化生产要素的作用减弱，有经济学家甚至认为全球区域经济空间结构将逐渐向均衡的网络——节点式格局转变。地理学家们也开始对信息社会地理因素的作用提出质疑。那么区域信息化的发展是否也具有邻近效应呢？信息化发展是否能够摆脱地理区位的影响？

从信息作为生产要素的角度出发，本书认为信息的流动仍然受到区位的影响，哪怕是在信息经济高度发展的社会里，仍具有地理邻近效应，原因在于：

首先，信息流与实物流之间关系密切。一方面，信息流对其载体具有绝对的依赖性，信息流动所依赖的物质系统（包括载体及符号）在传递信息时可能会发生衰减，如书本、磁带等的老化、霉变，进而损害它们所传载的内容。另一方面，信息流与实物流间具有强烈的互补性。虽然从总的趋势看，长途信息传输，乃至跨国信息传输费用已明显下降，距离因素决定通信费用的作用已大为降低；但与信息流密切相关的物质流、人员流、金融流等，不可能摆脱各类边界障碍的"切断"作用。

我们知道信息需求是信息流的动力机制，通信的需求极大地依赖于其他形式的交往，如贸易带来的资金流动、旅行带来的人口流动等。公路交通系统的不畅通将会间接影响到信息流，人口规模不足也必然带来通信量的不足。Lundvall（1992）在国家创新系统框架内研究了创新与空间的关系，认为知识需求的程度与空间相邻的重要性正相关。

其次，已有区域间社会关系因素会对信息流产生邻近效应。信息流的衰减不仅包括信息量的减少，更重要的是要考察信息在质上的递减。信息价值的实现具有主观性，同一信息对不同的人可能具有完全不同的价值体现，相对稳定的职业、兴趣、遗传素质、环境等使用户对同一信息选择与吸收有差异。而且一般地理距离越远，在文化、语言等方面的社会因素差异越大，自然信息流接收量也就越小了。萨克森宁（1994）在对硅谷和128 公路地区计算机产业的成长历程的比较研究中指出：硅谷的知识共享网络在其快速成长和更有活力的发展中，是一个关键的因素。而且对隐式信息而言，这类信息不可编码，通常隐藏在专家、工程师和技术人员的大脑中，具有较强的个人属性，需要通过非正式交流才能获取。另外，区域间或国家间的边界也会对信息的流动产生阻碍效应[①]。阿诺地等分析了意大利南北文化差异对电信所产生的减少使用的影响。罗塞拉进行了多语种国家瑞士国内区域间语言障碍的研究，指出其差异使地区间联系减弱了30％。路紫将其归结为在边界两侧通信基础设施供给上的缺失。国际通信所实施的过境费系统仍然存在；国内跨边界问题上既缺乏对新网络投资的金融主动性，也缺乏在边界上提供跨边界层次的特殊设施，缺乏新旧技术的渗透，由此导致跨边界通信联系能力的不足。不同目标和群体的抵触的存在更阻滞了网络结构的连贯，使运输技术设施更多地适用于区内，跨边界移动通信设施标准化就不尽如人意，结果便遏制了跨边界通信，从而导致时间损耗和由此产生的通信距离衰减（路紫，2000）。

最后，信息流的时效性引起的价值衰减促使产生信息流的邻近效应。特定的信息对特定需求的用户有强烈的时效性，它的价值随着时间的改变而改变。信息价值的有效周期，一般分为四个阶段：升值期、峰值期、减值期和负值期，不同的周期呈现不同的价值。因此，如果不考虑信息传递过程的差错，虽然没有信息内容的衰减，但信息的时效性比物质要素更强，随着时空的转变，信息的价值也会发生变化，或者因过时而失去价值，在其他诸因素影响下，信息经过一定时间到达接收地时，其价值已经衰减，尤其是经济信息，可能已经完全失效。再加上基于信息资源具有独特的社会价值，人们总是千方百计地维护自己的信息优势，以便在社会竞

---

① 路紫（2000）将边界的障碍作用定义为由边界导致的通信跨越边界的减弱状况，对国界而言即通信边际成本及由此产生的通信强度的不连续性。

争中保持优势地位。优势信息资源的所有者通常要设置各种壁垒，防止自己创造和拥有的信息资源为外界所利用。只在当信息价值减少后才会允许信息的向外传递。这更促使了信息流动过程中价值的衰减。很多跨国公司对发展中国家技术模仿是否真的有利的讨论便是基于此。

　　因此，信息化的发展也是具有地理邻近性的，受到地理区位的影响，各区域由于地理区位相邻和产业相关建立的邻近效应，有助于信息主体间建立并维持协作关系，而这种频繁的近距离接触又促进了创新的进行，从而产生更大量的信息。本书的研究也是基于这一思想的，将信息流动看作是区域间信息化发展相互联系的结果，那么就可以用某区域与周围区域信息化发展程度之间的相关关系推测该区域信息流动的方向。

第二节　信息流空间集聚与扩散的定量分析
——基于空间自相关方法

　　既然信息的流动具有空间地理邻近效应，那么通过各区域间信息化发展的空间相互关系找到信息流动的大体方向，进而得到信息集聚与扩散的空间格局便是可行的了。而传统的相关分析仅从统计数据本身出发，未考虑到地理位置和距离的影响。另外，传统的统计方法是建立在样本独立与大样本假设基础上的，由于空间数据的特殊性，这两个假设都很难满足，因此用统计方法研究空间相互关系是不恰当的。目前，定量研究自然、经济和社会领域内涉及空间关系和空间格局比较常用的方法便是空间自相关方法。

一　空间自相关的概念与应用

　　空间自相关是指一个变量的观测值之间因观测点在空间上邻近而形成的相关性（Griffth D. A.，2003）。空间自相关分析则是在所研究的空间中，在某单元与周围单元之间，就某种特征值通过统计分析方法，进行空间自相关程度的计算以分析这些单元在空间上分布现象的特性（李航飞、汤小华，2008）。空间自相关统计量可用于检测研究区域内变量的分布是否具有空间依赖性、空间异质性、空间结构性。通常所说的相关是指两个或多个变量之间此消彼长的关系，而空间自相关是指同一变量在不同位置上的相关性，如果某一位置变量值高，其附近位置上该变量值也高，则为正空间自相关，反之则为负空间自相关。空间自相关方法以空间邻近位置属性的相似性为依据，与空间格局存在着对应的关系。正的空间自相关对应于集聚格局，负的空间自相关对应离散格局，当不存在空间自相关时，属性观测值呈随机分布（Griffth，2003）。

自 20 世纪 60 年代末病因分析学首次出现空间关联性概念，1973 年 Cliddord 正式发表空间自相关方法，空间自相关分析方法在国外的应用已有几十年的历史。20 世纪 90 年代，国内有学者开始尝试运用空间自相关分析方法探索与地理空间有关的自然现象及社会经济现象。至今已被广泛应用于自然科学与社会科学的许多研究领域，在国内也有很多的研究，主要集中在生态学、生物学、土壤学、流行病学等领域。对于社会经济现象的研究也有了不少的探索，朱传耿等用该方法分析了中国流动人口空间分布的差异性；陈斐等开发了一个空间关联分析模块分析 1978—1999 年新疆维吾尔自治区各县、市经济增长情况。

空间自相关的概念源于时间序列自相关，但更复杂。原因在于时间是一维的，而空间则是多维的，如本书研究 31 个省、市、自治区间信息化的空间自相关便是 31 维的。在度量空间自相关之前先要对各区域空间位置关系进行数学表达。定义二元对称空间权重矩阵 W 表示各区域间的邻近关系：

$$W = \begin{pmatrix} w_{11} & w_{12} & \cdots & w_{1n} \\ w_{21} & w_{22} & \cdots & w_{2n} \\ \cdots & \cdots & \cdots & \cdots \\ w_{n1} & w_{n2} & \cdots & w_{nn} \end{pmatrix}$$

本书中 n 为 31，w_{ij} 表示区域 i 与区域 j 间的邻近关系。

既然空间自相关方法建立在空间邻近属性相似的假设之下，首先需要建立空间邻近标准。邻近标准有两个原则：rook's 原则和 queen's 原则，分别表示在两区域间有一条边连接或有一点连接时即为邻近关系。在众多地理位置结构的数学表达式中，空间二值邻近矩阵是形式最简单也是用得最多的。Cliffa（1981）将其定义为：当两个区域具有非零长度的共同边界时，矩阵相应元素为 1，否则为 0，即：$w_{ij} = \begin{cases} 1 & \text{当 } i, j \text{ 两区域邻接时} \\ 0 & \text{当 } i, j \text{ 两区域不邻接时} \end{cases}$

按照研究范围的划分，空间自相关分析分为全局和局部两种假设检验。在给定显著性水平下，全局空间自相关反映在研究区内相似属性的平均聚居程度；而局部空间自相关则回答这些集聚区的具体地理分布。全局空间自相关是对属性值在整个区域上空间特征的描述，常用的有两个度量指标：Moran 指数和 Geary 系数，其中 Moran 指数反映的是空间邻接（或邻近）区域单元属性值的相似程度，使用单一的值来反映一定范围内的自相关而验证整个研究区域的空间模式（Roger Bivand，1999）。Geary 系数与 Moran 指数负相关，而作用基本相同，本书采用 Moran 指数方法。模型为：

$$I = \frac{\sum_{i=1}^{n}(x_i - \underline{x})\sum_{j=1}^{n}w_{ij}(x_j - \underline{x})}{s^2 \sum_{i=1}^{n}\sum_{j=1}^{n}w_{ij}} \tag{4.1}$$

其中，$s^2 = \frac{1}{n-1}\sum_{i=1}^{n}(x_i - \underline{x})^2$，$\underline{x} = \frac{\sum_{i=1}^{n}x_i}{n}$，$n$ 为观察值数目，x_i、x_j 分别表示 i、j 两区域的属性值，w_{ij} 为空间权重。

其期望值为 $E(I) = -1/(n-1)$，全局自相关值介于（-1，1）之间，当 I 大于期望值时表示空间正相关，反之为空间负相关。I 的绝对值越大，表示空间自相关的程度越强烈。

依赖全局空间自相关指数得到区域间相互关联程度，要想进一步得到某一区域对周围区域影响的大小和方向，找到哪些区域单元对全局空间自相关贡献更大，全局空间自相关会是全局相关程度的平均值，在一定程度上掩盖了反常的局部状况或小范围的局部不稳定，因此还需通过局部空间自相关分析实现对空间属性差异性的掌握。最常用的局部自相关指数模型由 Anselin（1995）提出：

$$I_i = \frac{(x_i - \underline{x})\sum_{j=1}^{n}w_{ij}(x_j - \underline{x})}{s^2} \tag{4.2}$$

其期望值为 $E(I_i) = -w_i/(n-1)$，其中 $w_i = \sum_{j=1}^{n}w_{ij}$

正的局部自相关值（I_i）表示该空间单元与邻近单元的属性值相似（"高"—"高"或"低"—"低"），而负的 I_i 表示该空间单元与邻近单元的属性值不相似（"高"—"低"或"低"—"高"）。

二　信息流空间集聚与扩散的定量分析

空间自相关作为认识空间分布特征进行空间分析的最常用方法，表示同一变量在不同空间位置上的相关性，自然也成为度量空间域中集聚程度的方法。根据新古典增长理论，在区域层面上集聚经济是指经济增长受到周边地区经济发展的影响。传统的度量产业空间集聚的指标包括基尼系数、Ellison-Glaeser 指数等，都没能反映相邻地区经济相互影响的程度，而仅仅测量区域产业的集中程度（Dubin，1998）。Anselin（1995）提出的LISA（Local Indicators of Spatial Association）方法论认为，首先，局部空间自相关借助于假设检验方法可以检验空间某单元相对于整体研究范围而言，其空间自相关是否显著以及程度如何，如果显著则为该属性值的空间集聚地；其次，局部自相关值也顾及了全局指标的分解，度量空间单元对整个研究范围空间自相关的影响程度，影响程度大的往往是区域内集聚点。因此局部空间自相关可获知集聚经济程度的高低，而且也弥补了基尼系数、Ellison-Glaeser 指数等的缺陷。

如果用该方法分析 31 个省、市、自治区间信息流动的空间格局便可得出，当 I 值大于期望值时，各区域间信息化发展相互产生正的影响，反之，则为负向影响。I 的绝对值越大，表示相互影响的程度越强烈。可能有以下几种情况：

（1）当某地区的信息化发展程度高于平均水平，而且与周围区域的信息化发展呈正相关关系时，说明该地区与周围地区间信息流动活跃，该地区向周围地区进行信息的扩散，其信息化发展促进了周围地区的信息化发展。称该地区为"扩散中心"，信息流动主要为扩散方向。

（2）当某地区的信息化发展程度高于平均水平，而且与周围区域的信息化发展呈负相关关系时，说明该区域为了维持自身信息化的发展，吸引了周围地区的资本、劳动力等，在此过程中伴随着大量信息从周围地区向该区域的流动。称该中心区域为"极化中心"，信息流动主要为集聚方向。

（3）当某地区的信息化发展程度低于平均水平，而且与周围区域的信息化发展呈正相关关系时，说明该区域的信息化发展还是对周围地区有一定的影响的，但由于自身信息化发展还处于初级阶段，这种影响的程度比较小，信息扩散的规模也有限，我们称其为"局部扩散中心"，信息流动主要为扩散方向。

（4）当某地区的信息化发展程度低于平均水平，而且与周围区域的信息化发展呈负相关关系时，说明该区域的信息化发展落后的同时，周围区域的信息化程度却在提高，这都是由于该区域大量的人力、物力向周围地区输出，并伴随着信息、技术等的输出。结果便是该区域与周围地区间信息鸿沟的逐渐拉大。我们称这种地区为"低洼地"，其信息流动为扩散方向。

第三节　信息流区域集聚与扩散格局分析

根据全局空间自相关模型（4.1）可以测算出 2006 年全国信息化发展的相关指数为 0.21，呈现出显著的正相关关系。这说明我国各省、市、自治区间信息的流动不是随机的，而是存在显著的空间依赖性。信息流动活跃的区域倾向于地理位置的集聚，某一区域信息流动的活跃程度较强烈地受到邻近区域的影响。

但由于全局自相关指数只能揭示在一个总的空间模式中空间依赖的程度，还不能表明各省份与其周围区域间的局部空间关系，因此还需要对局部空间自相关指数模型（4.2）进行测算，如表 4-1、图 4-1 所示。并依据上一节的分析讨论各省、市、自治区信息流的方向特征。

表 4-1　　　　　2006 年 31 个省、市、自治区信息集聚与扩散状况

地区	局部自相关指数	信息化指数	信息流方向	地区	局部自相关指数	信息化指数	信息流方向
北京	3.53	8.28	扩散中心	湖北	0.20	-0.22	局部扩散
天津	3.36	2.46	扩散中心	湖南	0.35	-1.05	局部扩散
河北	-1.39	-1.10	低洼地	广东	-1.14	2.03	极化中心
山西	0.18	-0.88	局部扩散	广西	0.46	-1.04	局部扩散
内蒙古	1.43	-1.36	局部扩散	海南	-0.37	-0.98	低洼地
辽宁	-0.28	0.54	极化中心	重庆	-0.10	0.21	极化中心
吉林	0.14	-0.42	局部扩散	四川	1.56	-1.05	局部扩散
黑龙江	0.32	-0.95	局部扩散	贵州	1.32	-1.46	局部扩散
上海	5.85	6.49	扩散中心	云南	1.82	-1.87	局部扩散
江苏	1.62	1.22	扩散中心	西藏	1.91	-1.60	局部扩散
浙江	3.06	2.44	扩散中心	陕西	-0.02	0.02	极化中心
安徽	-0.02	-1.20	低洼地	甘肃	1.99	-1.48	局部扩散
福建	0.75	1.21	扩散中心	青海	1.93	-1.76	局部扩散
江西	-0.02	-1.10	低洼地	宁夏	0.70	-1.32	局部扩散
山东	0.26	-0.50	局部扩散	新疆	1.53	-1.68	局部扩散
河南	1.26	-1.71	局部扩散				

图 4 - 1 信息流集聚与扩散分布

结果表明：

（1）北京、天津的信息化指数很高，而且与周围区域呈现非常显著的正相关，成为一个大的信息扩散中心，这和其政治中心的地位刚好相符。

（2）上海、江苏、浙江的信息化指数很高，局部自相关呈现显著的正相关，说明长江三角洲区域已经成为我国信息化发展的一个中心，并且日益影响着其周围腹地的信息化发展进程，成为信息扩散中心，这和其经济中心的地位刚好相符，也印证了经济效益对信息流动的促进作用。而且上海的局部自相关值在 2006 年远远超过北京，江苏和浙江的相关指数也有很大提高，已经接近北京。表明长江三角洲地区的信息化发展很快，速度超过北京，靠经济发展带动的信息流动作用有逐渐超过政治中心的趋势。

（3）广东的信息化指数也很高，但与其周围区域形成负相关关系。这也说明虽然广东的信息化发展很快，但周围区域信息化发展落后，广东的发展是依赖于周围区域劳动力、资金等的输入来实现的，导致了信息化发展差距的不断拉大。美国规划学家弗里德曼在其核心—边缘理论中，提到在社会发展的前工业化阶段、工业化初期阶段、成熟期阶段和空间经济一体化阶段，生产要素的流动会依次体现为分散—集中—回流扩散—分散的阶段性特征，信息的流动也应当具有这样的阶段性特征，京津地区和沪苏浙地区的信息化发展已经进入第三阶段——回流扩散阶段，而广东正处于第二阶段——集中阶段。也说明了信息流动与资金流、人流、物质流息息相关，有关各种流的关系的讨论将作为我们的后续工作继续研究。

（4）纵观全国的信息化发展情况，我们可以认为目前我国的信息化发展已经出现了京津地区、沪苏浙地区和广东省三个发展极，虽然它们的发展机制不尽相同，但每个发展极的形成初期都依赖于周围区域的劳动力、资金、物资等的大量输入，因此，在每个发展极附近都出现了低洼地。如河北省、安徽省和海南省。另外，考察1998年、2000年和2006年的信息化相关指数可以发现信息流动的发展趋势。安徽和江西局部自相关值逐渐减小，到2006年成为负值，海南从1998年的局部扩散到2000年的低洼，都说明了信息在这些省份逐渐扩散的过程，与周围地区间信息鸿沟也在逐渐拉大。

（5）西部的重庆和陕西形成了两个极化中心，在其周围没有出现低洼地，说明两个极化中心对信息的集聚作用还不太显著。1997年全国人大八届五次会议上将重庆市设为直辖市，重庆从1998年的局部扩散中心到2000年发展为极化中心，说明经过政策的倾斜、投资的加大，在2000年政策的作用开始显现出来，重庆实现了信息的集聚，信息化程度有了很大的发展，按照信息流动阶段性理论，当信息化发展到一定程度时进入回流扩散阶段，重庆将会带动周围区域的信息化发展，从而缩小和东、中部地区间的信息鸿沟，这也符合社会效益提高的宗旨。西部其余省份均为局部信息扩散区域，信息流动并不活跃。

（6）广大的中部地区既没有形成集聚中心也没有产生信息的极化中心，除安徽、江西大量信息流向长江三角洲和广东之外，其余中部省份均为信息局部扩散区域，说明中部地区信息流动不够活跃。

第五章 信息流空间结构的定量分析

空间自相关方法通过全局空间自相关指数给出全国 31 个省、市、自治区间信息流动总的状况，区域之间的信息化发展相互影响是否显著从而得到信息流动是否集中于某些区域之间的结论。而后通过各区域的局部自相关指数得到各区域对周围地区信息流的贡献，是吸引周围区域的信息成为极化中心还是信息的辐射形成信息扩散源，或者信息流动不活跃，较粗略地分析了我国各区域间信息流动集聚与扩散的分布格局，但极化中心的信息吸收自哪些地区，各自规模为多少，以及辐射中心将信息扩散到哪些地区，规模是多少等定量分析的问题还没有解决。本章以空间相互作用理论为基础，基于引力模型，考虑到信息作为经济要素的区域间吸引与物理引力的区别，构建空间信息流规模模型定量研究区域间的信息流。

第一节 空间相互作用与信息空间流动

空间相互作用理论最早由美国地理学家乌尔曼提出，为了保持生产和生活的正常进行，城市之间、城市与区域之间存在物质、能源、人员、资金、信息的交换和联系，称为空间相互作用。空间相互作用是自然界和社会系统中客观存在的现象，并遵循一定的自然和社会经济规律，而"流"是空间相互作用的具体体现，本书便是将信息流看作区域间相互作用的体现。

从现代区位论的角度讲，空间相互作用是研究空间流、节点、网络、场及扩散等问题的出发点，也是地理学研究的核心内容之一。在空间经济学研究领域，人们过去普遍将区域间的相互作用看作有形的物质运输的联系。海格特（1972）将空间相互作用总结为三种表现形式：货物和人员的移动、各种交易过程、信息的流动。Wang（2000）曾强调这种联系还应当包括资金、人口的联系。直到 1991 年 Helpman 提出知识溢出对区域经济共同发展的重要意义，才意识到信息的传播、技术的扩散也是区域间联系的重要形式，并在信息经济背景下发挥着越来越大的作用。

本书的研究属于信息经济学从情报学角度对信息资源宏观空间配置的研究，将宏观信息流动的过程看作信息资源在区域之间的重新配置。随着信息技术和交通运输技术的发展，这种配置的速度和规模也在不断扩大。信息流动源于各区域间资源分布的不均衡以及信息资源在各区域收益率的差异，而信息流动的规模和方向又受制于各区域间相互作用的大小。就宏观领域看，可以说信息流是随着区域间的经济相互作用而产生的。联系紧密的区域之间，物质、人才等有形要素的交流频繁，伴随而生的信息的流动也非常活跃。反之，信息的流动会很少。另外，区域之间的相互联系作为人类活动空间中最积极、最丰富的组成部分，是永远处于运动、变化中的，不断地形成新的空间动态世界，这种联系的变化过程自然也伴随着物质、能量、信息等要素的运动。在信息社会，信息要素流动的作用日益凸显，可以说信息的流动来源于区域间的相互作用，又对区域关系产生影响。因此本书从区域相互作用的角度研究信息空间流动是有理论支撑的。

Harvey（2001）认为空间相互作用模型能够估计特定地理区域之间的相互作用量，包括客流量、物流量、能量流量和信息流量，模型考虑了起始点的流量产生因素、终止点的吸引能力和起止点之间的流动成本。空间相互作用理论认为，空间的相互作用必然形成一定的空间结构。如果将空间结构理解为空间的外在形态的话，那么空间的相互作用就是这一形态得以产生和发展的内在动力。这一动力决定了空间的集聚与扩散、均衡与非均衡格局（董超，2007）。区域作为空间中节点，通过各种交通网络、通信网络相互联系、相互作用，组成区域空间的网络结构，不同规模的节点、不同的区际联系形成区域等级体系。研究信息流的区域空间结构也就是研究信息流动的区域等级体系的形式和结构。因此用空间相互作用模型研究信息流空间结构是可行的。

另外，鉴于区域经济的发展受到很多因素的影响，如政策、投资、自然禀赋等，用区域间 GDP 的相关情况来衡量信息流显然是不合适的，而区域信息化发展水平间的相互影响与信息流具有直接的关系。本书采用区域间信息化发展水平的相互关系来间接衡量信息流。

第二节　区际信息流动规模模型构建

从长期的研究经验发现，空间相互作用与区域间的距离有密切关系，距离越近的区域之间发生相互作用的可能性也越大。另外，人们也发现规模越大的区域越能吸引更多的人流、资金流等，由此便产生了经济学领域的引力模型。在空间经济学发展的历程中，引力模型已经成为最基础也是使用最多的模型，可视为联结物理学和经济学两门学科的桥梁。本书希望借用引力模型，在此基础上构建模型来研究信息流动的空间结构。

有关引力模型的研究，就国外来看，经济学家 J. Q. Stewart（1940）首先提出了"潜力模型"。在对城市距离的研究基础上，S. Stouffer（1940）提出中介机会的概念，认为距离衰减规律中的距离本身并不起决定作用，运动随距离的增加而衰减是因为中介机会的增加。在他们及其他学者研究的基础上，E. L. Ullman（1954）提出空间相互作用理论，分析了空间相互作用的一般原理，并对此作了详细阐述。从此，引力模型成为城市经济学者研究城市空间相互作用的常用且非常有效的工具。S. L. Edwsrds 和 S. J. Dennis（1976）、F. J. Cesario 和 J. L. Knetscb（1976）以及 F. F. Ferrario（1979）等后继学者都对引力模型在城市与区域经济中的应用进行了大量研究。

国内城市经济学学者在借鉴国外相关学者研究成果的基础上，针对我国的实际国情，进行了大量的研究，取得不少成果。冯云廷（2003）利用城市影响力模型分析了京津冀经济区的合理性，得出了一个肯定的结论，即京津冀大经济区的提法是合理的。李震、顾朝林、姚士媒（2006）借助牛顿引力学方程对随机分布模型进行改进，构建城市空间分布的引力模型，以此对中国城镇体系地域空间结构的类型进行定量研究，认为中国目前形成 6 个块状组团式城市聚集区、10 个条状组团式城市聚集区和 8 个以大城市为核心的城市群区。陈彦光、刘继生（2002）从理论上证明了负幂式城市引力模型，并将其推广。借助 1949—1998 年 50 年的人口演化数据，和以北京—天津的空间相互作用为实例，他们对基于城市引力关系的空间作用进行了相关分析和波谱分析。他们认为，基于引力模型的功率谱分析在未来的城市体系研究中将会有广泛的运用。魏后凯（2006）将引力模型的一般形式总结为：

（1）两点之间的简单引力模型：$T_{ij} = kQ_i^\lambda Q_j^\beta / d_{ij}^\alpha$

其中 T_{ij} 为 j 点对 i 点引力的大小；Q_i、Q_j 为两点的"质量"，一般用人口、GDP 等表示；d_{ij} 表示两点间距离（不一定是地理上的距离），k、α、β、λ 为系数。

（2）多点之间的一般化引力模型

现实世界中，一点往往与多个点发生联系，对各区域质量和间距的衡量不能简单地用一两个指标说明，考虑到这些复杂因素，可以构建一般化引力模型：$T_{ij} = f(\overline{V}_i, \overline{W}_j, \overline{S}_{ij})$

其中 $\overline{V}_i$ 表示起点性质的向量，$\overline{W}_j$ 表示终点性质的向量，$\overline{S}_{ij}$ 表示空间性质的向量。

在研究经济社会系统间空间相互作用时，受到所得信息或研究目的的限制，引力模型会有一些变形。朱道才等（2008）将引力模型的主要类型总结为（区域间的相互作用表现为物流、人流、资金流、信息流等各种形态要素的流动，因此模型的分类也从流动的双方角度出发）：

（1）全部流量约束的引力模型

当系统内相互作用的总量已知时，称为全部流量约束条件下的引力模型。此时系统内相互作用形式表示为：$T_{ij} = k \dfrac{v_i^\lambda w_j^\alpha}{d_{ij}^\beta}$

其中 T_{ij} 为两区域间吸引力，v_i 代表起点推动力变量，w_j 代表终点吸引力变量，k 为规模参数，λ、α、β 为参数。

（2）产出约束的引力模型

当系统内每一起点的流出量已知或可以精确预测时，称为产出约束的引力模型。设 i 区域为起点，j 区域为终点，i 区域的流出量用 O_i 表示，则有 $O_i = \sum_j T_{ij}$，此时产出约束的引力模型为：$T_{ij} = \dfrac{A_i O_i w_j^\alpha}{d_{ij}^\beta}$

其中 $A_i = [\sum_j \dfrac{w_j^\alpha}{d_{ij}^\beta}]^{-1}$，称为平衡因子。

（3）吸引力约束的引力模型

当流入每一终点的流量已知或可以准确预测时，称为吸引力约束条件下的引力模型。设 D_j 为已知的流入 j 的流量，则有 $D_j = \sum_i T_{ij}$，此时吸引力约束的引力模型为：$T_{ij} = \dfrac{v_i^\lambda B_j D_j}{d_{ij}^\beta}$

其中 $B_j = \left[\sum_i \dfrac{v_i^\lambda}{d_{ij}^\beta}\right]^{-1}$，称为平衡因子。

（4）双向约束的引力模型

当每个起点的流出量与每个终点的流入量都已知或可精确预测时，称为双向约束条件下的引力模型，表示为：$T_{ij} = \dfrac{A_i O_i B_j D_j}{d_{ij}^\beta}$

其中 $A_i = \left[\sum_j \dfrac{B_j D_j}{d_{ij}^\beta}\right]^{-1}$，$B_j = \left[\sum_i \dfrac{A_i O_i}{d_{ij}^\beta}\right]^{-1}$，又称为"产出—吸引力约束的引力模型"。

一　前提假设

首先，本书讨论的信息流规模指的是信息接收区真正接收到的信息，在某区域信息辐射在各方向上规模相等的前提假设下，正是由于各信息接收区域对信息吸收能力的差异才导致了区域间信息规模的差异。

其次，两区域间信息流动源于区域间相互作用，这里不考虑位于两区域中间其他地区的介入机会对信息流的影响。

二　模型的构建与因子的选取

首先，两区域规模的设定。任何区域的发展都不是孤立封闭的，尤其是在当今的信息社会里，信息化的发展更加需要与周围区域的联系。信息产业的发展引发的信息产品流通，信息环境的构建吸引的信息人才流动，信息网络基础设施的投资和建设促使的信息和技术交流以及创新的产生。可以说，信息的流动，不管是依附于物质载体运动而伴随的信息流动还是脱离物质载体的信息和技术的交流都来自区域间信息化发展的相互影响。因此，运用引力模型计算从 i 区域向 j 区域的信息流量时，将 i、j 两区域规模设定为两区域信息化发展程度 F_i 和 F_j。

其次，引力模型类型设定。考虑到信息的主观性，同一信息被不同的主体接收时其实现的价值不同，因此对信息流规模的直接测度非常困难。信息的吸收带来信息接收主体信息能力的提升，它们之间是正相关的关系，本书选择从信息接收主体的信息吸收能力的提升来间接度量信息的流动规模。也就是每一主体信息流入量是已知或可预测的，即与前文提到的吸引力约束条件下的引力模型 $T_{ij} = \dfrac{v_i^\lambda B_j D_j}{d_{ij}^\beta}$ 相符合。其中的平衡因子 B_j 用 j

区域吸引力系数表示。

再次，平衡因子的设定。Cohen 和 Levinthal（1990）在战略管理领域首先提出吸收能力[①]的概念，认为吸收能力是指企业认识外部新知识、消化新知识并将其应用于商业目的的能力，强调吸收能力是企业过去知识存量的函数，具有累积性和路径依赖的特点。有关吸引力系数的选取问题，我们考虑到物质、人以及能源等的流动都伴随着信息流动，再加上信息以技术、知识等非实物形态的流动，这些都代表了该区域与周围区域的相关程度。与周围地区相关程度大的区域，与周围区域经济联系活跃，自然伴随着物质、人员、资金、信息等的流动也活跃，对信息的吸引力也强。因此本书借用利用空间自相关测算出的各区域局部自相关系数 I_j 作为区域的吸引力系数。

最后，与空间距离关系的设定。空间扩散原理认为要素的空间扩散遵循距离衰减规律，区域间距离越远，相互联系越弱，则要素的流动规模也越小。但王海江、苗长虹（2008）发现近距离内客运流量随距离加大而增大，当达到一定距离后才会出现随距离波动衰减的趋势。路紫（2000）通过对信件和包裹反映的通信量的区际流通规模研究，发现在一个距离区段内经济发达或人口众多的省市通信量极大，在距离不太大时，起主要影响作用的是经济和其他因素，而在较远距离的省份之间则遵循距离衰减规律。在一定参数设定下，相距 1000 公里的两地间通信量只是相距 100 公里通信量的 10%。也就是说经济现象的距离衰减规律并非严格意义上的随距离增加而减少，距离衰减会因研究客体属性的不同、运动通道的不同等原因而表现出不同的衰减模式。从已有的文献实证结论来看，基本上遵循经济联系近域内先加强后随距离而衰减的规律，这也刚好符合了距离的负指数函数的特点。近年来 Wilson 的负指数式空间相互作用模型有后来居上之势，原因在于其有明确的理论演绎基础（陈彦光、刘继生等，2002）。因此本书将引力模型中的 d_{ij}^p 修改为 $\exp(L_{ij})$，这里的 L_{ij} 选用各省、市、自治区省会城市间的公路距离。

因此，本书构建的区际信息流流动规模模型为：

$$I_{ij} = \frac{F_i B_j F_j}{\exp(L_{ij})}$$

[①] 吸收能力的概念源于熊彼特主义经济理论关于研发活动与技术创新对经济增长作用的研究，以及相关外部知识对企业创新过程影响的观点。

其中 I_{ij} 表示从 i 地到 j 地的信息流规模，F_i 和 F_j 表示两区域的信息化发展程度，平衡因子 B_j 为 j 地局部空间自相关指数，L_{ij} 为两地距离。

第三节　信息流动空间结构与新的区域等级体系

依照上述模型测算出各区域间信息流动的规模，得到信息流空间结构以及信息流动作用下新的区域等级体系。从测算数据来看，很明显形成京津地区、沪苏浙地区和广东省三大信息流动中心，因此本书将三大信息中心、中部地区和西部地区分别进行讨论，以期找到各自的区域等级体系。

一　信息流动空间结构分析

（一）京津地区及其腹地

北京和天津的信息化指数非常高，局部自相关指数也是很大的正数。说明京津地区信息化发展水平很高，而且对周围地区信息化程度的提高有很大的促进作用。京津地区已经发展成为全国创新体系网络的重要节点，对华北地区乃至整个中国各地区的信息化发展都起到辐射作用。北京的技术市场是全国最大的多功能技术交易市场，这里的技术产品辐射全国，近一半的科技成果转让到外地。除向全国各地源源不断地输送毕业生以外，北京地区高等院校与科研机构通过联合办学、委托代培等形式，与全国其他地方联系密切，加强了与地方的科技交流与协作，有力地推动了其他地方科技创新和成果转化。

从测算数据来看，北京和天津的信息流出虽然受到距离衰减的影响，大部分的信息流动产生于相邻的河北、山东等省份之间，但和其他省份相比，信息的辐射比较均匀，基本上囊括了全国所有的地区，而且流量较大。

究其原因，这和北京的政治中心地位有很大关系，另外也与京津地区创新的模式有关。北京拥有79所高等院校，其中国家重点高校25所，占全国重点高校的25%，市级以上独立科研机构500多个；北京共有国家重点实验室61个，占我国国家重点实验室的1/3；国家工程、技术中心46个，占全国工程技术中心总数的1/3；至2005年初，北京高等院校与科研院所共有12.36万科技活动人员，占到全国科技活动人员总数的41%，同时，北京地区高等院校和科研机构筹集到的科技经费占筹集科技经费总额的比重超过一半，远远高于国内其他城市，这些都说明了北京的知识创新能力非常强。另外，目前北京地区已建立了各类科技企业孵化器 70 多家，在孵的企业 3700 多家，规模居全国之首（崔军强，2006）。北京已经成为全国原始创新和知识创新的源头，提供了源源不断的信息输出以及高新技术的供给。京津地区的创新模式可称为原始创新型。

京津地区与河北、山东、内蒙古、辽宁相邻，虽然同处于围绕经济中心的地理位置，各个省份的信息流动状况也不尽相同。

首先，河北省 51% 的信息输出都流向了京津地区，却只吸收了北京 7% 和天津 6% 的信息流。再来看河北的局部自相关指数 - 1.39，说明河北省的信息化发展与其周围区域信息化的发展有很强的负相关关系，也就是说，京津地区的信息化发展带来的是河北省信息化水平的落后，河北省的资源、人才等都流向了北京和天津而自身信息化水平很落后，已经形成了信息发展的"低洼地"。王郑丰、袁旭的论文也从北京的物流辐射范围角度证实了北京的主要联系方向，天津取河北而代之。

其次，山东省位于京津地区和沪苏浙地区两大信息集聚中心的中间，又处于东部沿海，具有极好的地理位置。2007 年初山东拥有普通本专科学校 108 所，居全国第二位，在校学生数居全国第一位。专利受理数和授权数都仅次于沪苏浙地区和广东省，可以说山东省的科学教育水平和创新能力都非常高，但从本书测算数据来看，山东的信息化发展程度并不高，而且与相邻区域的相关系数也很低，说明山东与其相邻区域间信息流量较少。

东北地区的辽宁省紧邻京津地区，依赖于京津地区的辐射，辽宁省的信息化发展比吉林和黑龙江都要强，但也不尽如人意。另外，辽宁的局部自相关系数为负值，说明辽宁省的人才、资源等信息化发展要素流向了京津地区，辽宁省有 57% 的信息流向京津地区，而只吸收了北京 1.2% 的信息输入。东北三省到京津地区形成了很大的信息流动，而反方向的流动却很小。

总之，京津地区是信息辐射中心，其信息辐射范围达到全国，信息流动的活跃程度代表了区域间联系的大小，由于对某区域而言，信息的流入与流出都影响了区域间联系，本书将区域间信息流活跃程度定义为区域间两方向上信息流量之和，据此划分以北京为中心影响圈的层次：上海市与河北省为第一层，内蒙古、山东省为第二层，浙江省、辽宁省、山西省、江苏省和河南省为第三层（见图 5 - 1）。

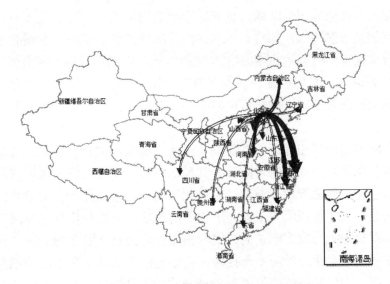

图 5 - 1 2007 年京津地区信息流出格局

注：箭头表示信息流出的方向，箭头粗细代表信息流动的规模；下同。

图 5 - 2 2007 年京津地区信息流入格局

注：此图中阴影颜色越深的地区，信息流入的规模越大，下同。

（二）沪苏浙地区及其腹地

上海市、江苏省和浙江省的信息化发展程度非常高，区域自相关指数也很高，说明沪苏浙地区已经成为我国信息流动网络的一个重要节点，其信息化的发展依赖于活跃的信息流动带动着周围区域的信息化发展。与京津地区信息辐射范围广的特点不同，沪苏浙地区的信息输出的极化现象明显，信息输出中有高达56%的信息流向本地区内部，另外，输出到京津地区的有23%。但我们也发现沪苏浙地区吸收的信息流没有出现集聚，甚至几乎均匀地遍布全国。由此可以判断沪苏浙地区已经形成一个大的信息吸收中心。

与沪苏浙地区相邻近的有安徽、江西、山东和福建。首先，安徽省和江西省信息化发展程度非常落后，其局部自相关又是负值。说明安徽和江西的信息化发展随着沪苏浙地区信息化程度的提高而降低，安徽和江西两省的资金、人才等资源大多流向了沪苏浙地区。福建的信息化发展程度较高，局部自相关为较大的正值，说明福建省的信息化发展随着沪苏浙地区和广东省的信息化发展而不断提高，福建与两个信息集聚中心的信息交流比较活跃。福建吸收的信息中有28%来自沪苏浙地区。而山东吸收的信息中有18%来自沪苏浙地区的输出，仅次于京津地区的22%。

另外，在不相邻的区域中，沪苏浙地区跨越江西省和安徽省到河南省和湖南省的信息流出也有一定规模。这给我们中、西部落后地区以启示：落后地区依赖于信息化基础设施建设、信息意识和信息能力的培养，加入东部发达地区的产业链条中，从而加强与发达地区的信息交流，是完全可以跨越地理限制实现经济发展的。

总之，相关于沪苏浙地区形成了沪苏浙地区内部省份间、沪苏浙地区→京津地区、沪苏浙地区→福建省、沪苏浙地区→河南省等信息交流区域。除去和其他两大信息中心的信息交流之外，以沪苏浙为中心也形成多层次网络结构：安徽和福建为第一层，湖北、江西、河南和山东为第二层（见图5-3、图5-4）。

（三）广东地区及其腹地

广东省的信息化指数很高，绝对值较大，但局部自相关系数却为负值。负值表示广东的信息化发展和邻近区域信息化的发展负相关，而绝对值表示了相关的程度，说明广东省的信息流动非常活跃。广东的信息吸收比较均匀，规模较大的主要来自两个方向：沪苏浙地区和江西、湖北、安徽等中部欠发达地区；而广东省的信息并没有输出到中部诸省，大部分流向了沪苏浙地区（51%），其中仅上海市就占了广东省总信息输出量的31%，京津地区居第二位，占15%。其他地区寥寥无几。

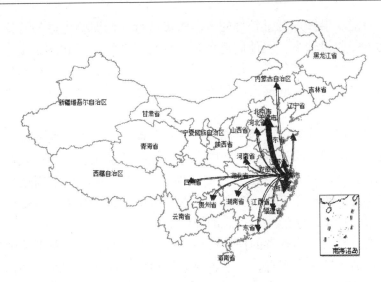

图 5 - 3 2007 年沪苏浙地区信息流出格局

资料来源：根据本书第 66 页模型计算结果。

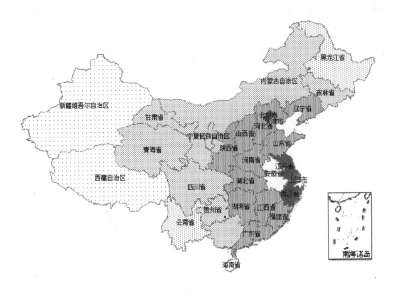

图 5 - 4 2007 年沪苏浙地区信息流入格局

资料来源：根据本书第 66 页模型计算结果。

究其原因，本书认为中部地区到广东省的信息流动归功于从中部诸省到广东的打工大军，他们带来了生产技能和他们家乡的文化以及各种信息，促进了广东的信息交流。而由于打工者们受教育程度的限制，信息能力弱，只能从事知识含量较低的劳动密集型行业，那些先进的管理经验和工作技能吸收得较少。当他们返乡时，带回家乡的信息和知识也很少。广东省绝大多数的生产信息、技能和专业知识、管理经验都来自与经济中心上海的交流。处于不同层次的信息，虽然规模相当，对经济的促进作用却大相径庭。

再看与广东邻近的广西、湖南、江西和福建。其中广西和湖南的信息化发展比较落后，属于局部扩散中心；福建的信息化发展程度较高，属于扩散中心，而江西是信息化的"低洼地"。也就是说，广东周边各省份都还倾向于向广东输送人才、资金、技术和信息，而只有福建接受广东的辐射量较大，广东已经形成了信息的极化中心。

总之，相关于广东省的信息流动，较大规模的有：广东省→沪苏浙地区，沪苏浙地区→广东省，广东省→京津地区，江西、湖北、湖南、安徽诸省→广东省。以广东为中心形成的信息影响范围大体也符合随距离衰减的圈层结构：以湖南、广西和福建为第一层，以江西、贵州、湖北、河南为第二层，以安徽、四川、山东和陕西为第三层（见图5-5、图5-6）。

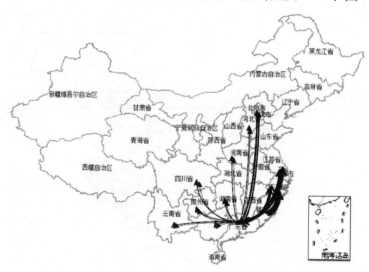

图5-5　2007年广东省信息流出格局

（四）中部地区诸省

中部地区近年来经济发展日益落后于东部发达地区，不少学者将中部的凹陷归结为区域间要素的非均衡集聚，包括：劳动力的非均衡集聚、资本的

图 5 – 6　2007 年广东地区信息流入格局

非均衡集聚和信息与技术的非均衡集聚。第五次全国人口普查抽样调查结果表明，在 1995 年 11 月 1 日至 2000 年 10 月 31 日五年间，上海市共迁入高学历人员 10.07 万人，而且还有加速增长的趋势；而中部地区情况则相反，据统计，仅 1998 年至 2000 年，安徽省高校就流失正、副教授 100 多人，而同期引进的仅有 47 人。在 1994 年到 2002 年间，河南省地市以上企业、高校、科技单位流出科技人才 8297 人，而流入的只有 6333 人。湖北高技术人才流失比例高达 30%，江西省 95% 的研究生毕业后不回本省工作。就资本而言，20 世纪 90 年代以后，东部地区多数年份是几百亿元的国内资本净流出，但加上外资后形成多数年份超过 2000 亿元资本净流入状态。而中部基本呈资本净流出状态，西部每年仅增加 100 多亿元的流入。这样一个局面如果不能迅速扭转，中部地区腾飞就会欠缺最基本的生产要素。而本书想要讨论信息流的空间不均衡对中部地区凹陷产生的影响。

　　处于中部地区的山西、河南、湖北、湖南、安徽、江西六省的信息化指数全部为负值，表示发展程度低于周围地区，而信息的流动也不活跃。本书从信息化发展程度和信息流动活跃程度将中部地区诸省分为三类（见图 5 – 7）。

　　第一类是河南省。河南省的信息化发展程度非常落后，但局部自相关系数很高。这说明河南省虽然信息化发展基础差，但依赖于政策的刺激、人员、物资等的流动，同京津地区、沪苏浙地区和广东省都建立了密切的联系，信息流动非常活跃。河南的信息吸收规模很大，以京津地区和沪苏浙地区为规模最大的信息流入，与中部诸省的信息交流也很活跃。由于河南作为北方省份，社会网络、人文社会因素等导致河南更倾向于和同为北方的北京和天津的信息交流，信息的输出也集中于京津地区和上海市。虽然河南提出加入泛珠江三角洲以促进经济发展，但河南与广东之间双方向的信息流动都较少，这说明社会、文化因素影响了信息流动的方向，可以预见在不久的将来，依赖于和发达地区频繁的交流，河南省的信息化发展将会有很大的进步。

第二类是湖北省、湖南省和山西省。这三省的信息化发展程度较低，但局部自相关是正值，随着周围地区信息化的发展，这些地区的信息化也会有一定的进步，但相关系数并不大。这说明这些地区虽然吸收到一定的信息输入，但规模不大，信息的流动并不活跃。尤其是湖北省的创新能力很强，但就是由于信息的交流不活跃，才导致信息化发展比较落后。因此，就这几个省而言，促进信息的交流，融入东部发达地区的信息交流网络中来，成为发达地区产业链条中的一个环节，是实现信息化发展的捷径。

第三类是安徽省和江西省。这两省的信息化发展水平比较落后，局部自相关也是负值，说明这些地区的信息化随着邻近省份信息化的发展而逐渐落后，成为信息化发展的"低洼地"，要实现信息化的发展还有很长的路要走。

图 5 - 7　2007 年中部地区诸省信息流出格局

（五）西部地区诸省

西部地区的信息流动有非常明显的特征，就是只局限在本区域内。西部地区除了重庆和陕西之外，其他地区的信息化发展程度都很低，而局部自相关值却非常大，也就是说信息的流动非常活跃，但仅局限于本区域省份之间。可以说，西部诸省已经形成了区域间的强联系，也正是这种强联系使得西部地区成了信息的"孤岛"，没有中、东部地区先进的信息和技能的流入，故步自封，自然发展迟缓。

综观我国31个省、市、自治区间信息流动的空间特征，已经形成京津地区、沪苏浙地区和广东省三大信息集聚中心，主要影响到华北地区、华东地区和华南地区。在这些影响范围内部又形成几个小范围内的信息流集聚中心，极化现象明显。通过对各省份之间信息流动规模的具体测算，发现我国的信息流动已经形成了多中心网络化的空间格局，而这一网络是以各层次信息流集聚中心为主要节点，三大信息流集聚中心间的信息通道成为网络中规模最大的连接边，各集聚中心与其周围腹地之间的信息通道也成为信息流动比较活跃的方向，呈现信息流的距离衰减规律（我们不妨将这种信息在某些区域间或某些方向上交流频繁而在其他方向上交流较少的现象称为信息流的空间集聚）。除此之外，邻近区域间基于长期交流建立的信任平台以及社会环境的相似性而形成的社会网络内部信息交流频繁，西部地区诸省就是个例子。总之，我国的区域间信息流动已经形成了多中心网络化总体格局，这也和前面文献中的结论相一致。

二　信息流下新的等级秩序分析

信息流的网络化依赖于区域间经济联系在过程与表现形式上的网络化。过去的信息传递受到传统信息传递方式的限制，主要以地理相邻区域间传递为主，区域间经济联系主要通过市场交易而形成近地域空间联系，从而逐渐形成居于主导地位区域，其经济联系与辐射也有明显的空间界限。随着网络等现代通信技术的发展，现代信息传递媒介的普及，信息传递日益突破时空限制，再加上现代交通网络的兴建，区域之间的经济联系不再是过去简单的平面联系，而是跨越时空的立体网络。因此可以说，信息流动的空间网络结构形成了区域间经济联系的空间网络结构。本书认为，信息网络已经在逐渐形成，这一网络以各区域为节点，以区域之间的相互作用和联系为边而构成，信息的产生、传播和渗透以及在各个网络节点内部发生作用是整个网络存在和发展的重要特征。

另外，我们也发现在这一信息网络中，信息的流动在地域上是非均质的，整体结构没有走向完全的系统平衡，具体体现在信息流在规模和层次上的差异，进而带来数字鸿沟的演化（本书将在后面专门讨论这一部分）。从某种程度上来说，这反而促进了网络联系系统的稳定性。由于节点的规模及其在网络中地位的不同，直接导致了不同的节点存在不同范围的作用场。据此可以划分出信息流空间网络的等级秩序，即城市的"规模—等级"。信息社会由于信息的快速大规模流动引起了城市间等级秩序的重新排位。

处于不同层次的区域受到信息以及其他生产要素集聚和扩散程度的影响，在信息流网络中的作用也不相同。大城市人口、资本、技术、消费和基础设施的集聚程度高，社会分工发达，科技水平先进，交通通信便捷，在区域中发挥着重要的指挥和导向功能，是信息创新源。中等城市具备一定的基础设施，一方面容易接受新思想、新技术，另一方面与周边区域联系密切，容易对周边发展起到带动作用，发挥承上启下的功能，是信息传输的主要区域和渠道。小城市和城镇作为城乡之间的桥梁，是大中城市的发展基地，是乡村的政治经济文化中心，也是接收信息扩散的区域。这种城市体系中的功能、等级差异构成城市间的位势差，形成信息扩散的空间梯度，是信息流动的主要机制。而反过来，信息的流动一般情况下又加强了这种区域间的位势差，或者对现存区位差的改变。

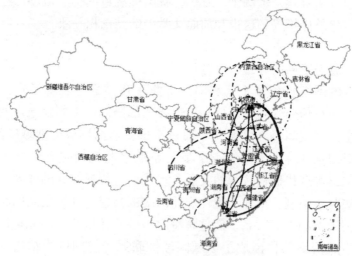

图 5-8　2007 年信息流空间等级秩序

从本书的计算结果来看，我国各区域间信息流动已经形成多中心网络化的层次结构，经济联系仍然是信息流中的主体，三大经济中心也是信息中心，它们之间的信息流动最活跃，成为信息流网络中的主要部分。以每一信息中心为信息处理、创新中心，形成各自的信息影响区域等级体系。总体来说，各等级体系基本沿着地域随距离衰减，地理区位在中国的信息流网络中仍起重要作用。另外，信息流并非专家所说没有边界，很明显，京津地区主要影响北方地区、沪苏浙地区主要影响东部，而广东省主要影响南部。这和社会习惯、文化等人文因素有关，或称为社会网络。因此，本书认为我国信息流网络结构充分体现了区际联系引起的信息流动与邻近效应之间的密切关系，包括：经济中心之间行业合作带来的行业邻近效应，随距离衰减的地理临近效应和社会网络带来的社会邻近效应。本书后面的机制分析也沿着这一思路进行。

第六章　信息的空间流动：机制分析

上一章的实证分析发现，信息的空间流动已经形成多中心网络化的空间格局，在"量"和"质"上的多层分化现象明显。那么是什么原因造成了这一现象呢？本章将对信息流动空间结构的形成原因进行分析。首先，对效益最大化的追求是信息流动的原动力，从信息流的特性出发得出信息流动过程具有的增值性和衰减性规律导致信息流的规模收益递增性，揭示了信息流动集中于各层极化中心之间的原因。其次，信息的空间扩散形成社会网络，社会网络的结构以及处于社会网络中的位置都对信息的流动产生影响。社会网络内部长期的交流与合作形成的信任机制势必增加信息的交流，促进交流的效率，形成信息流在网络内的集聚。过度的集聚又对信息化的发展起到阻碍作用，如上一章提到的西部地区各省份间就形成了过度封闭的社会网络。本书便是从信息流规模收益递增性，以及社会网络的结构和特征两个角度研究信息流动空间结构形成的内在机理的。

第一节　信息流入的动力与流出的路径分析

一　信息流入的动力分析

就某区域而言，如果假设信源到各方向的信息输出规模相等，由于各信宿信息吸收能力的差异才导致各方向信道上信息的不均衡，那么信息的流入就源于对区域外信息的吸引力（或称吸收能力），吸引力越大信息流入规模越大，信息的空间集聚效应越明显。如果基于信息流角度对吸收能力进行研究的话，信息流是动态的，区域信息存量是动态的，因此区域对信息的吸收能力也应当是动态的，信息集聚的态势也在改变，对信息流入动力的研究应当基于动态的思想，包括：

1. 信息需求机制

信息需求是指信息消费者在一定价格条件下对信息商品的需要，隐含着信息消费者愿意购买和具有支付能力①两个条件（靖继鹏、张向先、李北伟，2007）。信息需求是信息流动的原动力，在用户的需求机制中信息流动往往遵循最大渴求原则。也就是说，信息总是流向最渴求它的人和区域，这也为信息使用价值最大化的实现提供了有利条件。信息需求越大的区域信息流入量也会越大。而人因年龄、职业、经历与经验、文化素养、教育程度、知识结构等的差异会对信息产生不同层次②的需求。消费者的信息需求处于潜在状态，只有被消费者认识到或被唤起才能表达出来进而得到满足，因此，认识和唤起用户的信息需求将会促进信息的流动。而信息需求的获取源于信息意识③的建立。信息意识也就是人们认识在科学技术、经济和社会发展中的性质、地位、价值、功能的思维活动，是人们对选择和利用信息的自觉程度（廖建，2003）。信息意识一旦形成，就会产生积极的能动作用，诱导和激发人们进行一系列信息获取和利用。

因此，激发和唤起信息意识是促进信息需求进而吸引信息流入的途径。信息意识越强，信息需求越多样化和个性化，信息流入规模也越大。

2. 技术机制

信息流动需要借助一定的技术来完成，信息流的技术机制包含两个层次，首先，从信息认知者技能的掌握上看，信息只有通过人们的理解、消化、吸收之后才会成为企业和区域发展的工具，这一点也可以从信息的主观性和可生产性特征得到。尤其是随着全球化经济的发展对信息时效性的要求越来越高，谁能够更及时地获取信息并进行有效处理谁就占领了竞争先机。因此，信息的流入需要信息认知者掌握一定的技术以实现其最大的使用价值。其次，从社会技术的发展来看，随着信息化和网络化的发展，信息传输载体日益多样化，借助于网络等信息通信基础设施，信息传输的速度、种类、数量都得以大大提高，信息流动范围得到拓展，提高了信息的利用率。我们一般将这种对信息进行收集、管理、开发和利用信息的能力称为信息能力。信息流动时间的缩短和空间的延伸都得益于信息能力的提高。因此，个人和区域信息能力的提高将会促使信息的有效流入，这就是信息流入的技术机制。

---

①　信息需求的支付能力既包括货币支付能力，又包括时间、精力、支付能力以及认知能力。

②　马斯洛需求层次论认为人的需求分为生理需求、安全需求、社交需求、尊重需求和自我实现需求五个层次。

③　信息意识和信息能力称为信息素质。

3. 经济效益机制

追求效益的最大化是资源流动的根本动力，信息流动也如此，可以说不讲究效益的信息流动是对信息资源的极大浪费。如果将信息流动看作信息资源①在区域的重新配置，那么信息流动的效益也可以用信息资源配置效益来分析。信息资源配置效益包括经济效益和社会效益两个方面，既要实现经济上的合理，也要实现政治上的公平。因此，信息流的效益也应当包括经济效益和社会效益，其中对经济效益的追求会导致信息的流入。经济效益是指以尽可能少的信息资源投入来取得尽可能大的产出，既包含了信息资源数量的增多，也包含信息资源结构的改善和质量的提高。经济效益的提高能够吸引信息要素的流入，同时信息要素的流入能够促使特定信息要素组合的形成或获取信息要素组合的规模效益，又实现了经济效益的最大化。因此，提高区域信息流的经济效益是吸引信息流入的有效途径。

二　信息流出的路径分析

本书将信息流动看作区域间相互作用的表现形式，区域间经济联系的方向和特征决定了信息流出的路径。城市间的功能联系，主要表现为中心城市对区域内其他城市社会、经济活动的组织与协调，以及由此引起各种流的有序运动。城市规模、等级差异导致势能大小不同，城市体系中城市间的功能联系更多地表现为顺势差等级的空间扩散效应。除等级扩散外还存在着由城市中心向周边地区的扩展扩散，以及在空间上脱离原中心而形成新集聚中心的位移扩散等扩散形式。不同的扩散模式使城市空间呈现出不一样的特征，等级效应使中小城市有利于接受大城市的辐射，不断发展壮大；邻近效应导致城市向郊区扩展，形成城市郊区化蔓延；轴—辐效应促使城市空间沿交通轴扩展，集聚效应则有利于形成新的产业区或城市新区。本书也在经济联系方向和特征基础上，提出信息扩散的可能路径。

吸收能力是企业过去知识存量的函数，具有累积性和路径依赖的特点（Cohen & Levinthal，1990），因此在创新中心、信息化发展较好的大城市自然成为信息流动活跃的区域；信息依附于物质载体而流动，信息流的内容源自实物要素流状态，而信息具有的催化、释疑、转换和调控等功能决定了信息对实物要素有效流动的指导作用。物、人和资金等扩散的方向也

---

① 狭义的信息资源仅指信息内容本身，广义的信息资源除信息内容外还包括与其紧密相连的信息设备、信息人员、信息系统、信息网络等。（乌家培，1996）这里指狭义的信息资源。

是信息扩散的方向，具体表现为中心地向腹地的信息扩散。当今社会差距越来越明显地表现为信息化的差距，基于政府力量实现信息向经济效益低地区的流动体现了信息的社会效益，具体路径包括以下几个方面：

（1）政治中心行政命令的下达。像北京这样的政治中心每天都会有很多行政命令下达，信息首先发到各省会城市，由省会城市到省内其他城市，再由城市传输到各乡镇。这样的信息扩散有明显的等级扩散特征。

（2）中心地向腹地的信息扩散。中心区域原有的自然资源、基础设施和固定资产逐渐饱和，或者提供的单位要素潜在收益出现递减趋势，这时中心区域要谋求发展，就必须将周边区域纳入其经济运行轨道，在经济合作和产业转移过程中势必带来信息的扩散，这种扩散多发生在邻近区域之间，属于扩展式扩散的特征。

（3）大城市间的信息交流。社会化大生产带来社会分工的逐渐细化提高了生产效率，大城市之间的产业合作也日益增多。而随着信息技术的发展，使得大城市之间虽然地理位置不邻近，但依赖完备的信息通信基础设施仍然可以实现产业的合作。在合作过程中会有大量的信息交流产生，这种信息扩散属于跳跃式流动方式。

（4）基于社会效益的信息扩散。社会效益是指信息资源配置所表征的公平效应和导向效应，也即保证各类信息用户具有平等地利用信息资源的机会和权利。我国的信息化过程中出现的日益扩大的信息鸿沟如果不加以遏制，将会导致社会结构的失衡，文明差距的进一步拉大和社会关系的冲突，甚至引起社会的动荡不安（宫辉等，2006）。这就需要政府的作用，具体表现为信息扶贫和知识扶贫，即表现为流动方向的控制也体现为流动速度的调节。

回顾上一章实证分析的结果，信息空间流动的方向与上述信息扩散方向相一致，也说明了模型构建的合理性。

第二节 信息流的规模收益递增性与信息流空间集聚

一 信息流增值性及其与信息流规模收益递增关系

（一）信息流的增值性

我们在信息计量学中找到对文献信息增长的介绍。1944年，美国韦斯莱大学图书馆的弗里蒙特·赖德就对美国有代表性的大学图书馆的藏书增长率进行了研究，发现美国主要大学图书馆藏书量，平均每 16 年就递增一倍。之后，著名科学家和情报学家德里克·普莱斯巴赖德的这一发现推广到科学知识的全部领域，经过大量的研究得出科学文献的增长随时间呈指数递增的规律。这里主要讨论的是信息在量上的增长，而实际上信息流动的增值性还有更深层次的内容。

一般我们把信息运动过程中出现的信息在量上、质上和价值上的增长变化，称为信息运动的增值性（吴钢华，1987）。信息在量上的增值①主要表现在信息加工、处理、交流、传递、利用等信息运动过程中信息量的增加。这种量的增加不是简单的信息叠加，而是人们在认识同类或相关事物时"确定性"的增大，认识能力的提高（吴钢华，1998）。

信息的质的概念是由贝里斯（Belis）和高艾斯（Gaiasu）在 1968 年提出来的。信息的质是指信息的效用与价值大小的测度，表示需求者对信息的满足程度，代表信息与目的的关系，是一种主观属性。信息在质上的增值就是信息效用的增大。

信息在价值上的增值体现在信息的价值和使用价值上。信息的使用价值是指信息能满足人们的某种需要，它的增值体现在信息在量上和质上的增值；信息的价值是指凝结在信息商品上的劳动，这种无差别的抽象劳动附加在其他劳动或产品之上，能够使其劳动或产品的价值增大，从而创造新的价值，增加财富。

（二）信息流增值性与规模报酬递增

探究信息流动增值性理论产生的机理，如果从经济学的角度来看，信息流的增值性源于信息流的规模报酬递增性，包括认知上的报酬递增和经济上的报酬递增。反过来，信息流的规模收益递增又促使信息流的增值。

从认知的角度来看，假定信息在一般情况下不会因传递发生损耗和歪曲，信息流动增值理论包含几层含义（如图 6-1 所示）。

第一，伴随信息交换，信息输出者双方的信息占有量以总投入交换量为极限而同时增加（信息的不守恒和可共享性）。第二，当交流带来激发、

---

① 吴钢华将信息量的增值定义为，社会信息流在其循环流转过程中经过消费、转化、损耗、折旧，并通过与新增信息的对比、较量、冲突、组合、融化，即通过一系列的社会经验与选择而汇入新的历史起点上的信息流程之中，保证动态信息积累高质、高速地进行，使信息成为新的组合和新的有序化、系统化的一种动态的信息累积。这是一种运动中的信息增值积累过程，也是一种以加速增值，抵消其自然老化与磨损的积极的积累过程。

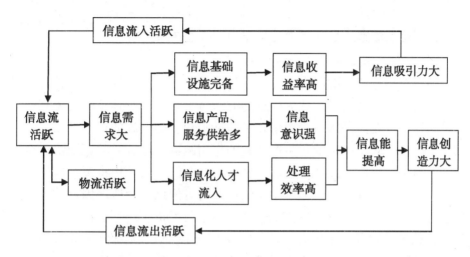

图 6-1　信息流的规模报酬递增性

启迪、灵感、联想时，交流便带来了新质的信息，此时各自的信息占有量不受原总投入交换量的限制，不但扩大了信息量，而且使信息交流升级，产生新的对话基础。第三，交流产生的不只是直接的生产力和生产率，而且因其独特的信息环境，将使信息技能和信息能力提高。这种增值是潜在的。第四，当交流伴随当事者的感情、气质交流，产生交流引力后形成有效的信息网络。第五，交流结束后惯性使其滞留，引起回味、联想和思维的跃进。因此，信息交流的本质与其说是传递，不如说是生成与创造，达到信息的最大增值。

　　从经济的角度上看，微观上，通过信息的流入，改变自身的信息资源要素关联方式，可以使某一地区、某一行业或某一部门的资源配置效率大为改善；宏观上，信息的空间流动可以使地区之间形成相互补充、相互协调的关系，这样一种动态的有机化的联系，其自身就蕴含着一种潜能很大的结构组合力。具体而言，当某区域信息流动较活跃时，区域内对信息的需求规模也就越大、品种也就越多，在需求刺激下的信息产品的生产和信息服务的提供也越丰富，对信息产业的投资也越大，从而又导致更大的信息吸引力，信息流动更加活跃；另外，信息需求大，使得信息和网络基础设施日益完备，增加了对信息人才的吸引力，从而提高信息处理的效率，信息流的创造力更强，信息流出更加丰富；信息流对物流的导引作用，加快了物流的效率，物流所携带和引发的信息流也就更加丰富和活跃。

二 信息流衰减性及其与信息流规模收益递增关系

(一) 信息流衰减机理分析

随着对信息研究的深入，有关信息的无形性以及信息流动的瞬时性已经得到公认，学者们一般认为信息的流动与实物移动所具有的距离衰减规律是相悖的。尤其是网络等通信技术的进步和基础设施的逐渐普及，许多限制生产活动区位的本地化生产要素的作用减弱，经济活动逐渐纳入全球经济网络中。因此有经济学家认为全球区域经济空间结构将逐渐向均衡的网络—节点式格局转变，地理学家们也开始对信息社会地理因素的作用提出质疑。O'Brien 提出的"地理消亡"和之后 Cairncross 提出的"距离已死"并认为地理因素不再有效地影响商业决定，以及后来 Starrs P. 提出的传统地理距离的重要性大为下降等论断都说明了传统的随距离衰减规律在讨论信息流动时所受到的冲击。理想主义的极大影响派学者甚至认为基于空间距离的约束消失，已被电信提供的即时传输所突破，一种新的人与区域间的关系、完全的地区变革将会出现。

而事实并不像他们所担心的那样，尽管马歇尔认为，运输成本的每一次下降都会导致经济活动更加分散，但经济活动并没有实现均匀的全球分散，传统的区位空间也没有为信息空间所代替，人们仍然需要面对面地交流。通过回顾 18 世纪以来经济发展的历史，Leamer 和 Storper 指出，尽管交通和通信技术促进了一些常规活动的分散，但是他们也同时增加了生产活动的复杂性和时间依赖性 (Leamer E. E., Storper M., 2001)。奈杰多·斯里夫特表示"电子远程通信网络的出现会产生更多的而不是更少的面对面的活动"(Thrift N., 1996)。卡斯特也认为发达的远程通信并没有使办公区位发生变化，基于家庭的电子通信也未导致城市形态密度的衰落 (Castells M., 1996)。在信息流动过程中的时间和空间观念并没有消失，信息消费的成本和实用效果的差异都明显地证明着它的存在。

有关信息流动是否具有衰减性的研究，从经济地理学角度大体从以下几个方面展开：

(1) 从传统信息网络和现代互联网络中信息流的空间结构讨论信息流动随距离的衰减效应。德本等 (De Ben et al., 1990) 曾对荷兰电话量进行分析，发现了从 30—300 公里间电话量明显地呈降低态势的距离衰减效应。所以通信网络往往明显表现出"地方倾向"的基本特征。Mitchelson

（1991）建立了美国信息流的竞争距离模型。Murnion S.（1998）等分析了从英国科研网的服务器到世界其他地方的信息流传输，证明了信息流具有距离衰减效应。Kellerman A.（2000）等从实证角度研究了网络空间中互联网流的结构问题。Bernard Gondran（2003）等以网站为例研究了互联网信息流具有强烈的地方性问题。Rajgopal Kannan、Lvdia Ray（2007）等从互联网信息传输距离及实用价值对信息支付费用的影响入手，研究了信息网络的结构。路紫（2000）研究了传统信息流的距离衰减性特征。李彦丽等（2006）对中、美旅游网站对比分析并提出了"虚拟距离衰减"预测模型。董志良（2005）等分析了信息流的等级结构和流动模式，揭示了我国互联网络结构的空间特征。

（2）从个人联系网络的角度讨论个人或家庭信息流动的衰减性。阎小培（1998）使用调查问卷研究了信息化影响下个人网络的变化情况，发现人们的生活活动范围扩大了，彼此联系增强但近距离邻里关系被弱化的结论。魏宗财（2008）等通过对 2000 年和 2006 年调查对象在信息来源、联系方式和频率等方面的变化特征和在不同等级城市的差异，来研究信息化影响下经济发达地区个人联系网络的演变程度。刘慧（2007）等研究了苏州、无锡和常州地区居民活动在信息化影响下的特征，发现 30% 的人们将信息通畅作为选择城市的因素。魏宗财（2008）对城市居民在家庭层面的联系网络演变特征进行了较深入的探讨。

（二）信息流衰减性与信息流空间集聚

综合上面的分析，我们认为，首先，由于信息在流动的过程中势必会产生衰减，因此在信息流的创造地可能是信息流动最活跃的地方，提高区域的信息处理能力、信息意识和信息处理效率都会促进信息的创造。信息创造力强的区域不仅能够发现、产生更多的信息，也能对吸收到的信息进行整合，进而产生更多的信息。但仅有强的信息创造力还不能保证信息流的活跃，比如湖北正是由于信息流的活跃度不够，湖北的信息化发展并不尽如人意。

其次，信息流的衰减很大程度上是源于信息接收地的信息吸收能力差，对接收到信息的处理、整合并进而转化为竞争力的能力差。信息吸收能力受到本区域信息存量的影响，这也和我们的发现相符：信息存量高的区域间信息流动也最活跃。另外，信息的吸收还受到配套信息网络基础设施、人才和知识储备等的影响，我们的实证部分也证实了在三大集聚中心之间信息的流动是最活跃的。信息的时效性给信息吸收能力增加了新的内容，快速地对信息进行反应和处理是对当今信息社会下企业和区域的要求，只有这样才能保证信息价值的最大实现。

最后，信息流动的距离衰减理论不仅指地理位置和距离的衰减，还包含产业距离和社会距离，这在网络社会里尤其突出。当今信息网络基础设施的建设使得地理距离对信息衰减的影响力已经大大减小，而产业距离和社会距离作用日益凸显。跨国公司在世界各地的分公司依赖于快捷的网络通信实现信息沟通，落后地区力图加入发达地区产业链条，成为其中某一环节，缩短产业距离，是实现跨越式发展的捷径。而社会距离则依赖于长期的积累，形成相似的文化、语言、社会环境，尤其对于隐性信息的传递更加有效。非正式的关系网络是隐性信息转移的主要渠道。事实上，隐性信息的生产和转移主要是通过一些非正式或个人间的跨部门的联系和互动来实现的。隐性信息未经编码化，不从正式渠道获得，但个人间通过直接交流，借助于语言、体态、情感等隐性表达方式的综合作用，容易使对方领悟出隐性信息的本质，实现共享。这里也有一个循环促进的关系，社会网络的建设有利于信息的交流，而只有信息的大量、长期的交流才能形成社会网络，从这个角度也可以看出信息交流的重要作用。

第三节　社会网络与信息流动的多层极化

空间扩散的产生源于扩散空间的不均衡和扩散区域间的空间关联（余迎新等，2001），本书也将信息流（或者叫信息扩散）看作基于信源区与信宿区间的信息势差和区际空间相互作用，它们和信道共同组成信息传输网络，不同的信息、不同的传输方式形成不同的网络结构。这里的网络不是互联网，而是区域、企业、个体间联系的社会网络。Ganter Group 的调查曾表明组织成员 70% 的信息和知识在与他人的交流和沟通中获得，社会网络已经成为信息交流的主要平台。Jpseph F. Donnemeyer 和 C. Ann Holli-field（2003）对内布拉斯加州和威斯康星州的四个乡村 471 位受访者使用电子邮件和网页状况进行了调查发现，首先，同一地区不同村民之间由于同事、朋友交际圈的差异引起信息意识和信息能力的差别进而导致数字鸿沟出现；其次，经济和人口发达的乡村与不发达的乡村之间由于其依附的城市经济状况的不同，导致信息意识和能力的差异而引发数字鸿沟。这一发现与 H. Huang、C. Keser、J. Leland 和 J. Shachat（2003）的发现有相似之处。他们的研究发现，信任对不同国家互联网的使用率有显著影响，人们由于长期的交流而形成的相互之间的信任促使了网上交易，进而促进了信息流通，也提高了信息能力，缩小数字鸿沟。本书的研究也认为，信息的交流形成社会网络，而处在同社会网络中人们之间搭建的信任平台又进一步促进了信息交流，弥合了数字鸿沟。

社会网络理论开始于 20 世纪 30 年代，成熟于 20 世纪 70 年代，至今已经发展成为重要的社会结构研究范式。社会网络（Social Network）的概念最早是英国著名人类学家 R. 布朗提出来的，探讨文化如何规定有界群体（如部落、乡村等）内部成员行为。较成熟的社会网络定义由 Wellman（1988）提出，"社会网络是由某些个体间的社会关系构成的相对稳定的系统"。随着社会网络应用范围的不断拓展，社会网络的概念已超越了人际关系的范畴（王夏洁、刘红丽，2007）。1973 年格拉诺维特（Granovetter）提出"弱联系优势理论"（the Strength of Weak Tie），特别强调弱联系在信息流动中的价值，社会网络分析开始受到普遍关注。1985 年，格拉诺维特再次提出嵌入性理论（Embeddedness），解释社会网络结构对人们行为的制约作用，对"到底什么因素决定了人的行为"问题进行深层次的探索，进而引出与"信任"相关的问题。1986 年，科尔曼在格拉诺维特和林南相关研究基础上提出"社会资本"的概念。1992 年，伯特（Ronald S. Burt）的《结构洞》一书发表，对社会网络中的"结构洞"（Structure hole）现象进行探索，至此社会网络理论基本框架形成，并成为当代社会学研究的主流范式[1]。社会网络基本组成要素包括人、人与人之间的联系。前者称为节点，后者称为联系（包昌火等，2003）。"节点"可能是个人，也可以是家庭、部门、组织，在持续的社会接触过程中"节点"发展出各种"联系"，形成各种形状和运行规则的网络结构。

根据分析的着眼点的不同，社会网络理论有两大分析角度：关系角度和结构角度。关系要素研究行动者之间的社会性黏着关系；结构要素研究行动者在网络中的位置。不同的网络状态和关系下信息的流动也不相同。本书的讨论也从这两个角度进行。

首先，从社会网络关系来看。社会网络中各主体间存在或远或近、或

---

[1] 本段参考王晓光《社会网络范式下的知识管理研究述评》，《图书情报知识》2008 年第 7 期。

疏或密的"关系"，对于某具体的主体而言，不同的"关系"在特定信息流动中发挥不同的作用。联结强度的概念最早由格拉诺维特于 1973 年给出，并将联结分为强弱两种（Strong Tie，Weak Tie）。伯特将强关系定义为主体间情感密切或频繁互动多形成的联系，将弱关系定义为主体之间比较松散的联系（Marden and Hurlbert，1988；Burt，1992）。强联结多发生在群体内部，由职业、地位、收入水平等社会经济特征相似个体发展起来。而弱联系意味着主体间建立的一种偶然的、疏远的联系，多发生在主体与网络之外或网络内稀疏区域主体的联系。

其次，从社会网络结构来看，伯特于 1992 年提出"结构洞"的概念并扩展了格拉诺维特的"弱联结"理论，认为最有可能给组织带来竞争优势的不是出于关系稠密"地带"之内而只处于其之间，这种关系在稠密地带之间的稀疏地带即为结构洞。因此他将结构洞定义为"非冗余联系之间的分隔"。无论是个人或组织，其社会网络均表现为两种形式：一种是网络中的任何主体与其他主体都发生联系，不存在关系间断现象，成为"无洞"结构，这种形式只在小群体中存在；另一种是社会网络中某个或某些个体与有些个体发生直接联系，但与其他个体不发生直接联系，无直接联系或关系中断的现象，成为"结构洞"。因此结构洞指的是社会网络中网络节点间间隙，反映不同群体间联系的缺乏。一般结构洞的建立不是通过"强关系"而是"弱关系"作用的结果。

一　社会网络关系影响下的信息流动多层极化

（一）弱关系网络促使集聚中心间的信息集聚

弱关系倾向于联结与行动者本人具有较高异质性（Heterogeneity）的人群，充当不同群体间的"关系桥"（Local Bridge）。联系的是两个（或以上）社会经济特征不同的个体，他们嵌于不同的社会网络中。因此弱关系使两个知识领域不相关或关系疏远的局部组织网络联系起来，将不同局部组织的信息带给对方，有利于改善组织的知识结构，增强信息积累，提高群体的转移或吸收能力，扩大信息传递的范围。弱联结有利于可编码、非复杂信息的传递，但不利于不可编码的复杂信息传递（Hansen，1999）。多项研究都发现，弱联结有助于信息的获取，带来新的"异质"信息，扩展了信息来源的范围，加快了信息处理过程，因而减少有限理性，更可能是创新信息的源泉（Granovetter，1982；Rogers，1995）。

在过去如果没有面对面交流，社会网络很难跨越空间距离得以构建，而信息化和网络化的发展给人们提供了全球范围的互动环境和交流平台，借助于先进的网络通信基础设施可以拥有更多的弱联结关系。

从前面的实证结果来看，三大信息流集聚中心间地理位置并不邻近，然而信息交流非常活跃，这就是借助于通信基础设施实现的弱联结关系。处于不同社会环境、自然背景下的区域间的信息交流带来新鲜的信息更能促进创新。由于弱联结对通信基础设施的要求较高，而信息化发展落后区域由于信息基础设施建设投资的匮乏，仅依赖于物资、人员等实物要素流动携带的信息交流，以及周围区域辐射的信息流动，与不相邻区域建立的弱联结较少，是其信息化发展落后的一个原因，也是信息流空间分层现象形成的内在机制。

（二）强关系网络促使信息流动距离衰减

强关系联结的是社会特征相似的同质性（Homogeneous）的人群，彼此间高度互动、来往密切，信息的交流更为充分。1992 年，美国卡内基梅隆大学组织学教授克雷克哈德（David Krackhardt）针对"弱关系的强势"的观点，提出了"强关系的强势"（Strength of Strong Ties）的假设。认为强关系更适用于不确定性的情景，在需要承担风险或面临危机时，强关系是可以依赖的对象。

从信息流动的角度看，弱关系具有信息传递的优势，而强关系则适于传递情感、信任和影响力（王伟、靖继鹏，2007）。对于不可编码的诸如经验、思想等信息，由于其模仿困难、被盗用的后果严重，信息交流主体间的信任和行为协调是此类信息流动的基础，而信任和协调的建立只有通过主体间长期的近距离交易和接触，因此对于不可编码信息的传输必须依赖非正式交流方式（如科学共同体、客户关系网、个人关系网、学术交流网站等）。

首先，强关系网络促进不可编码信息的传递。从信源来看，强联结能促进信源的信息输出。强联结的形成源于历史的协作和知识搜寻的路径依赖，它使得网络联系、成员间信任不断加强，相互间的帮助意愿也随之增强。从传递过程来看，强联结能提高网络内部的信息流动效率。由于垄断、人为稀缺等壁垒，信息往往不能在市场内顺利地流动和转移。强联结有效地将买方、卖方和中介者联系在一起，以互惠、名望、利他主义和信任等方式，推动信息在网络中流动和转移。由于行动者具有相似的社会经济特征、沟通频繁和相互信任，隐性知识的转移更加有效率。从传递信息的种类来看，强关系维持着知识转移方和知识接收方的亲密接触，缩短了双方的距离，从而有利于隐性信息转移。由于隐性知识转移需要相关背景知识的积累，花费较长时间，重复多次才能完成，转移的关键是通过共同的活动来体验相同的经验，"边干边学"。强联结为这种学习方式提供了条件（严难兵、周晓东，2008）。

其次，强关系对创新也有一定的促进作用。强关系网络中主体从事相似的工作，拥有相同的实践基础，有对当地文化、语言和风俗习惯的共同理解，也就是说个体之间的信息是同质的，这样的信息流动势必会造成信息冗余。信息冗余虽然含有浪费或信息重叠的意思，但也有利于技术创新。因为冗余信息有助于个人感觉到他人试图表达的隐性知识，正如科恩所说的冗余信息增强了主体对隐性知识的吸收能力。而能否表达出创新图景背后的隐性知识对创新成功非常关键，它是技术创新的重要条件。技术创新又是新信息产生的源头，从而促进更大量信息的集聚。

强联结一般发生在地理位置邻近的区域之间，长期的信息交流形成了网络内人所共知的交流习惯以及对信息的共同认识和理解，交流效率很高。从前面的实证来看，除三大信息流集聚中心间信息交流外，相邻区域间的信息流动占据了整个信息交流的大部分，邻近效应和距离衰减就是强联结网络结构带来的信息空间特征。

二　社会网络结构影响下的信息流动多层极化

（一）高密度网络信息空间流动

社会网络的结构特征是指网络中各结点间关系构成所呈现出的特点[①]。"密度"是其中一个度量标准，指的是社会网络中成员间相互联系的强度，主要指主体在网络中的位置及拥有结构空洞的数量。结构洞两边的组群体是相对独立的，各有自己的知识信息流（Burt，1992），如果一个主体横跨结构空洞，表明空洞之间的资源必须通过该主体才能实现，决定了该主体在网络中处于非常关键的位置。

从网络结构来看，高密度的社会网络有助于有价值信息的流动，网络密度越大，信息流动越有效。"密度"作为网络中成员间内聚性的标志，

---

① 网络的结构特征，包括网络的规模、联系的密度、联系的集中性或分散性、次团体分布等网络结构。

能够产生信任关系。正如科尔曼（1990）指出的，密集结构的社会网络保证了相互信任、规范、权威和制裁等制度的建立和维持，这些团结力可以保证能够调动网络资源。

（二）低密度网络信息空间流动

稀疏网络有利于增加网络中的信息存量。稀疏网络意味着网络形态更加开放，拥有更多架接各方联系的"结构洞"，处于结构洞的个体或组织将两个关系稠密地带联结起来，从而搭建起两个群体之间联系的桥梁，两个群体间信息通过这一桥梁流动，减少了冗余，产生跨越边界的"信息收益"，与局限于单一网络中信息的主体相比，联系不连贯的群体中个体将面临更广阔的思想和机会。使企业能够有机会获得更多的创新信息，提高企业的创新能力。

稀疏网络中关系的相对缺乏能够推动个体组织的流动、信息的获得和资源的摄取，大大改善了网络整体信息的有效性结构，从这个角度讲，稀疏网络的信息吸收能力更优于密集网络（Burt，2000）。网络跨越的结构洞越多，网络内信息越丰富，越有利于信息的流动。结构洞理论认为，网络由于结构洞的存在不是不断地复制信息，而是不断地重构和创新。一个富含结构洞的社会网络比只拥有稠密联系的网络价值更大，竞争优势更加明显。

诸多实证研究表明，过低或过高的密度均不利于信息传播。人际网络的密度过低，则人与人之间关系淡薄，不利于知识的共享与转移。但过高的密度也会对组织绩效产生负面影响，因为人的精力是有限的，花费过多的时间将付出超额的机会成本，得不偿失。

一个网络中最有可能给组织带来竞争优势的位置，位于横跨关系稠密地带之间的结构洞上。占据结构洞的信息转移方或接收方，有机会接触到两种异质的信息源，具有信息获取和相对控制优势，可以扩大自身知识存量，提高信息转移或吸收能力，促进信息的流动。但对结构洞两端的行动者而言，隐性知识的转移需要通过中介来实现，这就增加了转移的距离，给知识转移带来困难。

第七章　信息空间流动与数字鸿沟演化

第一节　区际数字鸿沟的界定与演变规律分析

由于信息通信技术接入和应用对社会经济的重要影响，自从进入信息社会以来，对数字鸿沟的讨论也日益增多。事实上，数字鸿沟现象并非现在才有，20 世纪 30 年代的"电话鸿沟"就是"数字鸿沟"的雏形。只是到了信息时代随着现代通信技术的广泛应用，信息数量的迅速膨胀，数字鸿沟问题才逐渐受到人们重视。人们通常将数字鸿沟和信息时代的贫富分化、社会公平等问题联系起来。有关数字鸿沟与信息扩散关系的讨论，已经有一些研究。Gorman（2001）将欧洲与美国进行比较后认为，美国主干网由若干技术层面组成，其带宽矩阵证实美国核心与边缘地区之间存在着差距，技术扩散强化了美国核心城市的重要性，拉大了网络边缘与核心地区之间的距离。近年来，有越来越多的学者认同"技术和信息的扩散影响了数字鸿沟的演变"的观点，如果将数字鸿沟理解为各区域或群体间对数字信息占有量的大小区别的话，数字鸿沟的拉大或缩小根本上源于信息资源初始占有量的大小和信息吸收量的大小，而这些又都源于信息的空间流动。因此，本书希望在对信息流动空间布局和规模研究的基础上，讨论区域信息吸收和扩散对区域数字鸿沟演化的相互影响关系，从而找到弥补数字鸿沟的途径。

一　区际数字鸿沟的界定

对数字鸿沟的研究始于 20 世纪 70 年代的知识沟理论（Konwledge gap）。1970 年，美国传播学家蒂奇诺（Tichenor）在大量实证调查基础上提出，"由于社会经济地位高者通常能比社会经济地位低者更快地获得信息，因此大众媒体传递的信息越多，两者之间的知识鸿沟也就越有扩大的趋势"，即知识沟理论。1995 年，美国国家远程通信和信息管理局（NT-

IA）发布了第一个报告《在网络中落伍：一项对美国城市和乡村中的未曾拥有者的调查》，数字鸿沟问题正式进入官方视野。其后，经合组织（OECD）的一系列报告对数字鸿沟①也进行了调查，数字鸿沟进一步成为全世界关注的社会性问题。随着对数字鸿沟问题研究的深入，对其概念的理解也日益明晰。

中国科学院、清华大学国情研究中心主任胡鞍钢（2002）认为，数字鸿沟的本质是以互联网为代表的新型信息通信技术在普及和应用方面的不平衡现象，这种不平衡既体现在不同地理区域之间、不同人类发展水平的国家之间、不同经济发展水平的国家之间，同时也体现于一个国家内部的不同地区、不同人群之间。数字鸿沟（Digital Divide）是在全球数字化进程中，不同国家、地区、行业、企业、人群之间由于对信息、网络技术发展、应用程度的不同以及创新能力的差别造成的"信息落差""知识分割"和"贫富分化"（胡延平，2002）。

在上面提到的《在网络中落伍》的系列报告中，将数字鸿沟界定为"不同社会群体或不同地区之间互联网普及和使用上的差别"，将数字鸿沟锁定为网络应用，可以将其称为狭义的"数字鸿沟"概念。反之，从广义上来看，"数字鸿沟"也可泛指一切信息传播技术发展导致的信息接收差距，包括除互联网之外的通信网等，还有传统的信息传播模式如图书、杂志、邮政、广播、电视等。国家信息中心信息化研究部从 2005 年起发布的《中国数字鸿沟报告》对数字鸿沟的研究就包括了现代和传统的多种传播模式。有关数字鸿沟概念的讨论除了广义和狭义之分，还有研究对象的差别，从国际视角看的宏观上发达国家和发展中国家与地区之间的比较；从国家内部视角看的中观上不同地区之间的比较，城乡之间的比较，甚至在微观些的不同性别、年龄、职业、受教育程度等人群之间的比较等都可划入数字鸿沟的研究范畴。

本书所指的数字鸿沟是从宏观角度对中国各省、市、自治区间数字鸿

---

① 经合组织的报告包括：*Understanding the Digital Divide*（《理解数字鸿沟》，2001.10）从信息通信技术和互联网角度分析了"数字鸿沟"的定义和形成原因等；*A Nation Online：How Americans are Expanding Their Use of the Internet*（美国在线：《美国人如何扩展他们的网络》，2002.10）说明当时美国互联网的使用情况以及"数字鸿沟"依然存在的状况；*A Nation Online：Entering the Broadband Age*（美国在线：《进入宽带时代》，2004.10）说明美国在互联网应用上的快速发展但人们应用网络的差异还存在。

沟的研究。数字鸿沟作为一个相对量的概念，本书将地区间数字鸿沟定义为某时刻各地区与某参考区域（本书设定为北京市）之间在通信设备普及率上相对差距，而将数字鸿沟的演变规定为这种相对差距随时间的变化情况。

二　区际数字鸿沟的演变规律分析

对数字鸿沟的测度在国际上尚没有统一认可的方法，本书借鉴国家信息中心信息化研究部的《中国数字鸿沟报告》中选取的指标，包括互联网、计算机、固定电话、移动电话、彩色电视机等，对各省、市、自治区的信息技术普及应用情况及地区间基尼系数[①]，采用"相对差距[②]综合指数法"进行测算。选择 2002—2007 年中国 31 个省、市、自治区互联网、计算机、普通电话和移动电话的普及率相对差距作为当年数字鸿沟的考量，权重设定如表 7 - 1 所示。

表 7 - 1　　　　　　　　　　数字鸿沟各指标权重设定

选取指标	互联网普及率	计算机普及率	固定电话普及率	移动电话普及率	彩色电视机普及率
权重	1/4	1/4	1/8	1/8	1/4

资料来源：《中国数字鸿沟报告》。

如果 X_{ijt} 表示第 i 年第 j 个地区在第 t 个指标上的数值，为体现"人均"的思想，考量普及率的相对差距为 $R_{ijt} = 1 - \dfrac{\dfrac{X_{ijt}}{P_{ij}}}{\dfrac{X_{i1t}}{P_{i1}}}$（$j = 2,3,\cdots,31$，$t = 1,2,\cdots,5$）。其中 P_{ij} 为第 i 年第 j 个地区的总人口数（或总户数），本书以北京市指标数值为参考，将其设为第 1 个地区。那么各地区的数字鸿沟即设定为：$DD_{ij} = \sum_t K_t R_{ijt}$，其中 K_t 为表 7 - 1 各指标的权重值。

---

① 普及率是国际上考察数字鸿沟最常用的指标，指特定时间某一地区人口中某一特定人口占的比例。基尼系数原本是经济学领域考察收入分配差异现象的常用指标，近年来利用基尼系数考察地区间信息技术利用差异情况是国际上开始使用的测量数字鸿沟方法之一。

② 相对差距是指同一时间不同地区与国家平均水平或不同地区之间某一特定指标普及率之间的实际差距。可以明确表达比较对象间实际差距的数量大小，即直接反映数字鸿沟的大小。

表 7 - 2　　　　　　　　　　2003—2007 年各区域与北京间数字鸿沟

年份 地区	2007	2006	2005	2004	2003
北　京	0.00	0.00	0.00	0.00	0.00
天　津	0.25	0.23	0.25	0.28	0.32
河　北	0.39	0.42	0.44	0.49	0.51
山　西	0.43	0.44	0.47	0.51	0.53
内蒙古	0.46	0.50	0.52	0.53	0.56
辽　宁	0.38	0.44	0.45	0.46	0.46
吉　林	0.39	0.42	0.44	0.47	0.50
黑龙江	0.47	0.48	0.49	0.53	0.55
上　海	-0.09	0.00	0.01	0.01	0.01
江　苏	0.20	0.26	0.29	0.37	0.37
浙　江	0.09	0.15	0.18	0.26	0.25
安　徽	0.40	0.46	0.48	0.51	0.52
福　建	0.16	0.21	0.24	0.27	0.28
江　西	0.38	0.43	0.45	0.49	0.49
山　东	0.35	0.36	0.38	0.39	0.41
河　南	0.43	0.47	0.48	0.52	0.52
湖　北	0.37	0.39	0.40	0.43	0.44
湖　南	0.41	0.45	0.45	0.45	0.44
广　东	0.09	0.14	0.16	0.16	0.16
广　西	0.35	0.39	0.37	0.43	0.47
海　南	0.39	0.39	0.46	0.51	0.51
重　庆	0.28	0.26	0.33	0.34	0.36
四　川	0.38	0.41	0.43	0.45	0.46
贵　州	0.46	0.50	0.52	0.52	0.52
云　南	0.47	0.47	0.49	0.48	0.49
西　藏	0.51	0.60	0.52	0.52	0.48
陕　西	0.39	0.42	0.45	0.47	0.49
甘　肃	0.50	0.52	0.52	0.52	0.52
青　海	0.46	0.49	0.52	0.54	0.54
宁　夏	0.50	0.52	0.53	0.54	0.52
新　疆	0.44	0.51	0.53	0.53	0.51

按照上面方法得到的 2003 年到 2007 年 30 个省、市、自治区与北京间总相对差距，则第 j 个地区在这几年内数字鸿沟的演变表示为每一年相对变化量（这里用缩小量）的平均值。

$$T_j = \sum_i D_{ij}/5$$
$$D_{ij} = (DD_{i,j} - DD_{i+1j})/DD_{ij}$$

去掉北京市和上海市（北京市为参考地区，值为零；上海市由于数据过大，画图中使其他省份数据规律不明显，因此去掉），29 个省、市、自治区的数字鸿沟的演变量见图 7 - 1。

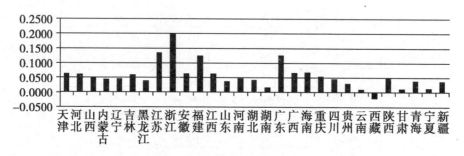

图 7 - 1　各区域数字鸿沟演变图

很明显，信息流动活跃的沪苏浙地区和广东、福建地区也是数字鸿沟随时间演变而缩小规模最大的地区，这两大地区与北京在通信设备接入和应用上的差距迅速缩小，而上海的数字鸿沟演变值为 - 16.84，负值表示数字鸿沟的缩小值为负，已经超过北京。

第二节　信息空间流动与数字鸿沟演变的关系分析

2006 年 5 月发布的《2006—2020 年国家信息化发展战略》将"数字鸿沟有所扩大"列为当前信息化发展值得重视的六大问题之一。《中国信息化趋势报告》的研究发现，2005 年互联网普及率最高的地区是最低地区的 10 倍，电话普及率是 6.8 倍，最高地区与最低地区的时间差距在 7 年左右。越来越多的研究认为，互联网与电脑等新的信息通信工具带来的信息扩散效应加剧了数字鸿沟（OECD，2001；NTIA，1999，2000，2002，2004）。

从现有关于数字鸿沟的文献来看，大多数是对信息占有量上的相对差距的研究，随着信息经济的发展，对数字鸿沟的研究应当更关注信息控制和使用能力的差距。陈红星（2008）认为，基于信息理解的数字鸿沟是信息循环过程中内生的鸿沟，即信息数量泛滥和信息理解接受能力贫乏之间的鸿沟，使信息生产和信息吸收之间产生的鸿沟。这一对数字鸿沟的理解加入动态的思想，但仍然是孤立的，脱离周围环境的说法。本书从信息流的角度，从区域间相互联系网络的角度讨论数字鸿沟的演化，认为数字鸿沟既是区域信息存量的差异，更表现为信息流量的差别，希望能够动态地、更大视角地研究数字鸿沟。

　　首先，从量上来考虑。目前关于信息扩散不均衡性所导致的数字鸿沟的研究较多聚焦于"信息的可接入性"这一层面，即能否拥有信息设备和信息（金文朝、金钟吉、张海东，2005）。数字鸿沟演变的过程受到初始信息掌握量、信息增加量的影响。可以说某地区或人群在某时刻对信息的掌握量就等于初始信息掌握量与新增信息量之和。区域间初始信息量或者区域间信息存量的差异取决于历史的积累，因此信息存量是区域过去对信息的吸收量。信息存量规模的大小表现为信息基础设施与人才的储备、当期信息处理的能力和效率、科教创新的水平等，这些都直接导致信息吸收能力的强弱，在信息源扩散无方向的前提假设下，吸收能力强的区域产生的信息流规模也更大，信息流量的增大又增加了信息存量。另外，新增信息量既包括新吸收的其他区域或人群输入的信息，也包括自身创造的信息量，信息处理过程中和信息交流中灵感的产生、信息创新环境的构建都促进信息的创新，进而提升区域信息意识和信息能力，形成良性的循环，也就加大了与信息存量规模较少区域间的信息鸿沟。

　　其次，从信息层次上来考虑。Becht（1999）和皮帕·诺里斯（2001）研究了不同人群之间在掌握新技术方面存在的巨大差异。Hargittai（2002，2003）验证了社会环境变化对提升主要网络搜索技能的影响。Mossberger（2003）等研究了信息通信技术扩散产生的影响，将数字鸿沟的影响归结为信息差异、技能差异、经济机会差异和民主差异。Servon（2002）和Warschauer（2002）认为尽管信息网络的接入是可行的，但不同人群信息通信技术的使用能力并不是平等分配的。DiMaggio等（2004）认为即使在同样的信息技术使用者之间也存在使用密度和使用类型的不同。Dewan和Riggins（2005）说明数字鸿沟导致人们在信息拥有以及信息使用能力上的不平等。

　　本书采用移动电话、普通电话、彩电和互联网普及率来表示数字鸿沟，各指标从 2001 年到 2007 年普及率基尼系数的变化从图 7 - 2 可以看出，网络普及率的基尼系数非常高，可以说数字鸿沟中很大一部分源于互联网普及率上的差异，但这种差异在逐渐减小中。移动电话普及率的基尼系数也比较大，但在 2007 年末已经减小到和普通电话、彩电普及率的基尼系数相当。网络和移动电话作为现代信息传输媒介的代表，成为当今区域间数字鸿沟的主要部分，而传统信息传输媒介如普通电话、彩色电视等已经接近普及。这和上面的结论也一致。

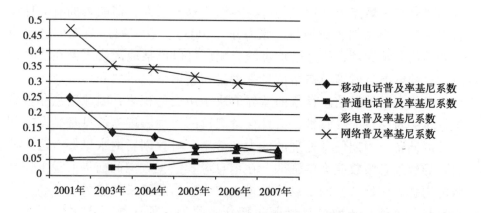

图 7 - 2　各指标普及率基尼系数的比较

　　从各区域来看，从 2001 年末到 2007 年末各区域互联网普及率的相对差距缩小量的平均值大体上在逐渐减小，但各区域也不同。上海与北京间在网络普及率上数字鸿沟的缩小量最大，从信息化发展程度上在 2007 年末上海已经超过北京。可以看出，沪、苏、浙和广东两大信息集聚中心及其腹地与北京间网络普及率的差异都有明显的减少。处于信息流"低洼地"的河北省、安徽省、江西省也是数字鸿沟弥合最慢的几个区域。东部的山东省及中部的河南省、湖南省等地区信息流动不活跃，数字鸿沟的弥合也较慢。因此可以推测信息流动的活跃性对数字鸿沟的缩小有直接影响。信息流动越频繁，与信息创新源间交流越多，数字鸿沟弥合的速度越快，因此信息流动的方向和规模也影响了数字鸿沟演变的区域特征。信息流动在规模和层次上的极化产生的"马太效应"自然也就加大了信息集聚中心与其他地区间的数字鸿沟。另外，虽然本书的实证揭示我国现阶段信息流动依然遵循随距离衰减的规律，但也不乏利用信息流的非实物特征实现跨区域信息传递，如河南省，虽然现在信息鸿沟的弥合还不明显，但可以预测将来活跃的信息交流会对数字鸿沟的缩小产生积极作用。

第八章 职业信息搜寻与职业流动

——以农民工为例

第一节 农民工职业信息搜寻过程

在劳动力市场信息不对称的情况下，农民工进城就业首先要进行职业信息的搜寻，职业信息搜寻过程关系到其最终的就业决策，并进一步影响农民工的职业流动与就业匹配质量，以及城镇化的质量。

一 职业搜寻理论与模型

职业搜寻理论是传统劳动力供给—需求理论的发展与延伸，改变了利用供给和需求函数进行总量分析的方法。搜寻理论从个体的偏好和经济行为出发，通过微观经济分析研究宏观劳动力市场的均衡，为宏观现象奠定了微观基础。具体来看，首先，经典理论认为当保留工资等于闲暇的边际价值时，工人会接受该工作；但并未说明保留工资受到哪些因素的影响，比如当地企业数以及企业的工资分布等。其次，经典分析假定工人每次作出决策时面临唯一的确定不变的工资曲线，而忽视了工资曲线的动态过程。最后，经典理论假设劳动力市场供求双方具有完全信息，不存在交易费用，而实际上，工人和企业相互搜寻都是有成本的。

职业搜寻理论逐渐将这些因素纳入分析框架，并产生了一系列模型。这些模型主要描述市场信息不完全情况下个人搜寻职业信息过程中的决策法则，分析包括保留工资的确定、搜寻渠道的选择和投入的搜寻努力程度等搜寻行为。国外对工作搜寻的研究，理论方面是对"搜寻与匹配"理论和模型的构建与不断改进。

（一）基本职业搜寻模型

经典劳动力供给理论把个人的工作决策过程静态化，认为工人在唯一的时点上仅面临一种工资，搜寻理论考虑了具有不同工资的厂家对工人最终决策的影响，形成了基本职业搜寻模型。一般规则是：搜寻到工资报价高于保留工资的岗位则接受这个工资并选择就业，否则继续搜寻下去。

基本职业搜寻模型的假定有：第一，劳动力市场中工资概率分布已知，但是不知道具体哪家企业给予哪种工资水平，需要搜寻获知；第二，在给定的劳动力市场中，假定所有求职者任何方面均同质，包括求职者不存在风险偏好或规避，以预期收益最大化为目标，决定是否接受就业机会；第三，工作岗位无差异，无行业及技术上的差别；第四，搜寻会产生成本，模型假定搜寻职业的成本是已知的常数，其包括在职业搜寻过程中出现的所有费用和机会成本等，边际搜寻成本等于该常数；第五，假设求职者偏好高工资，不存在时间偏好，不考虑贴现；第六，假设是求职者单向搜寻厂商，不考虑厂商的搜寻行为。

实际应用中，职业搜寻模型主要有两种方式，分别为固定样本规则和序列寻访规则，对应产生了两个职业搜寻模型。其中固定样本模型是由Caroline Joll 等学者在 1983 年建立的。阐述了如何通过寻访成本和期望寻访收益之间的比较，来确定最佳的或比较理想的寻访企业数目。模型中，求职者在开始搜寻工作前，已知厂商的工资分布及离散概率，据此，对每个搜寻样本数 n 的期望工资进行估算，确定期望工资最高的样本数 n^*，求职者在搜寻的 n^* 家厂商中，选出报价最高的厂商，并取得相应的工资。而序列寻访模型（McCall，1970）则不同，求职者在开始工作搜寻之前，心中先设定保留工资[①]，再随机逐家搜寻提供的工资高于保留工资的厂商，搜寻到的工资水平等于或超过保留工资水平的时候接受该工作，否则接着搜寻。

基本的工作搜寻模型假设条件苛刻，并且存在一些问题：第一，假定了求职者面对的工资报价分布外生，也未解释工资的形成机制，比如失业保险金的增加会导致保留工资上涨，因此厂商的工资政策会受到影响，劳动力市场中的工资分布也可能变化。第二，模型假定求职者是单向搜寻，未考虑厂商的行为，默认求职者接受就业机会时，厂商也会接受求职者。实际情况是，求职者和厂商的匹配过程是两个相继阶段，首先是求职者搜寻能提供符合保留工资要求的厂商阶段，其次是求职者被

---

① 保留工资含义为：如果市场工资尚未达到处于劳动力水平之外的人对其边际闲暇小时价值的判断，那么这些人宁愿不工作，也不愿意接受水平达不到自己认为的最低要求的薪酬去工作，即"保留"自己的劳动力。

厂商接受的阶段。第三，忽视了时间价值，未考虑贴现率，默认求职者无时间偏好。

（二）动态职业搜寻模型[①]

有学者进一步放开了求职者无时间偏好，市场环境不变的假定。面临成本约束、时间约束以及市场环境的变化等情况时，求职者的每一次搜寻，保留工资都可能发生变化，搜寻收益也不相同，模型用 $R(r(t))$ 表示，表示保留工资 r 随 t 而变化，搜寻收益 R 随保留工资 $r(t)$ 而变化。此外，考虑到时间价值，引入时间概念构建动态化一般模型来作进一步分析。

考虑求职者在一次搜寻活动中可能至少找到一家厂商的概率。模型用 $N(t)$ 来表示某事件到时刻 t 为止出现的次数，在时间 $t=0$ 时，搜寻到的厂商数为 0，记为 $N(0)=0$；另外，用 λ 表示搜寻强度（如搜寻时间、搜寻成本等），在一定时间间隔 Δt 中，求职者搜寻到一家厂商的概率与 λ 成正比，即：$P(N(\Delta t)=1)=\lambda \cdot \Delta t$；同时模型假设，在每一瞬间求职者只搜寻一家厂商，而且在任意两个时间间隔 Δt_m 和 Δt_n 中的搜寻活动相互独立，此搜寻过程可以被看作一个泊松过程。

即 $P_{n(t)}=P(N(t)=n)$

则有：$P_0(t)=\dfrac{(\lambda t)^n}{n!}$

到时刻 T 为止，找到 n 家厂商的概率为 $\dfrac{(\lambda t)^n}{n!}e^{-\lambda t}$ ，一家厂商未找到的概率 $P_0(t)=e^{-\lambda t}$ ，所以至少找到一家厂商的概率为 $1-e^{-\lambda t}$。搜寻到厂商后，假设仍然遵照前述规则，当 $W \geq r$ 时，接受该工作，此可能性为 $1-F(r)$；当 $W<r$ 时，不接受该工作，继续搜寻过程，可能性为 $F(r)$；模型还假定折现率为 k，递推公式如下：

$$R(r(t))=(1-e^{-\lambda t})E(W/W \geq r(t))+\frac{e^{-\lambda t}R(r(t+1))}{1+k}+$$

$$(1-e^{-\lambda t})F(r(t))R(r(t+1))/(1+k)-C=(1-e^{-\lambda t})$$

$$E(W/W \geq r(t))+[e^{-\lambda t}+(1-e^{-\lambda t})F(r(t))]\frac{R(r(t+1))}{1+k}-C$$

① 主要思想参照熊勇《劳动力市场搜寻理论与人力资本投资》，硕士学位论文，武汉科技大学，2003 年，第 23—25 页。

找到一个厂商并接受其工资的期望值为 $(1 - e^{-\lambda t})E(W/W \geqslant r(t))$，找不到一家厂商的期望收益为找到一家厂商的概率 $e^{-\lambda t}$ 乘以下次搜寻的收益 $R(r(t + 1))$，找到厂商但工资不能接受的期望收益为找到厂商工资无法接受的概率比 $(1 - e^{-\lambda t})F(r(t))$ 乘以下次搜寻的收益 $R(r(t + 1))$，再考虑时间价值，未成功就业从而进行下一轮搜寻的总期望收益为 $[e^{-\lambda t} + (1 - e^{-\lambda t})F(r(t))]\dfrac{R(r(t + 1))}{1 + k}$，其中 k 为一个搜寻时间内的利率。

接下来，考虑一次搜寻行为中，求职者需要接触几家厂商才能成功找到一份工作的情况。假设搜寻成功的厂商数为 $n(r)$，那么 $n(r)$ 服从几何分布，即 $P(n(r) = k) = (1 - p)^{k-1}p, k = 1, 2, \cdots$，$P$ 为一次搜寻的成功率，故 $P = (1 - e^{-\lambda t})(1 - F(r))$，平均的搜寻厂商数就是 $n(r)$ 的数学期望，即 $E(n(r)) = \dfrac{1}{P} = \dfrac{1}{(1 - e^{-\lambda t})(1 - F(r))}$。可见保留工资越高，$E(n(r))$ 越大，即需要搜寻接触的厂商数越多。由于上述递推公式不是期望收益的直接等式，因为每一轮的期望收益都不同，随时间而变，为得到每一步的收益的具体表达式，需要结合初始条件及成本和时间的约束。初始条件为：$R(r(1)) = R(r(0)) = m$，时间约束 $t \leqslant t_k$，成本约束 $c \leqslant c_k$、c_k、t_k 均为正常数，$t \in N$。联立可以逐步得到预期收益 $R(r(t))$。理论上，只要是有限条件下，可以比较每一种 $R(r(t))$，得到最大的，从而相应决定最优搜寻轮数及最优保留工资。

（三）职业搜寻模型的拓展

均衡搜寻模型进一步放宽了基本搜寻模型工资报价分布外生、求职者同质以及求职者单向搜寻的三个假定，通过考察厂商在与求职者博弈中，制定一定的战略行为来揭示工资形成机制，研究并分析厂商行为与求职者行为之间的相互影响，以及双方在劳动力市场达到均衡状态时的工资报价分布、雇佣量、失业率等变量的特征。

Albrecht 和 Axell（1984）构建了一个工资分布内生决定的序列搜寻均衡模型。与工资分布相联系的职业搜寻在个人和厂商同时进行最优决策时达到均衡。模型假设求职者在经济中面临着一定的"死亡危险"，而厂商永存。模型将求职者分为低闲暇价值和高闲暇价值两类，前者接受较低保留工资，而后者接受较高保留工资。厂商根据劳动力供给的线性生产函数进行生产，并将厂商分为低工资报价厂商和高工资报价厂商两类，两种厂商分别雇用不同的劳动力。在求职者的最优决策中，保留工资使得求职者继续搜寻的效用和停止搜寻接受保留工资的效用相等，这样可以获得低闲暇价值和高闲暇价值两类求职者的关于保留工资由折现率、失业补偿等变量内生决定的两个方程。而在竞争性市场中，低工资报价厂商和高工资报价厂商最终获得相同的利润，由此可以获得一个均衡的单位工人产出与工资报价和雇佣量之间的关系。再将前述两类求职者最优决策方程与两类厂商的竞争均衡方程联立，可以获得一个劳动力与厂商均在最优决策下的劳动力市场均衡。均衡单位工人产出与两类求职者闲暇的价值、两类求职者的人数、失业补偿金以及求职者在经济体中面临的"死亡危险"等变量有关。

Albrecht 和 Axell（1984）的模型考虑的只是失业劳动者的搜寻行为，而未涉及在职员工的搜寻行为。Burdett 和 Mortensen（1998）则同时考虑了失业劳动者和在职劳动者的搜寻行为，在他们的均衡搜寻模型中，经济由同质的厂商和劳动力构成。工作搜寻者可分为失业求职者和在职求职者，两者有不同的聘约收到率。考察工资报价高于某一特定值 w 的厂商，其流入的劳动力包括收到工资报价高于 w 的失业求职者以及工资低于 w 但收到高于 w 的聘约的在职求职者。而从该厂商流出的唯一来源是以外生比率 q 发生的职位破坏。这样流入者与流出者相等，可获得一个包含雇佣水平、聘约收到率、职位破坏率、就业率及工资分布函数的等式。通过对该等式的分析，可建立雇佣水平与工资分布之间的联系。进一步引入厂商行为，假定每个厂商单方面决定支付给雇员的固定工资，且同一厂商的雇员工资相同，由厂商追求利润极大化的行为，可以得到雇佣水平与工资之间的等式关系，由分析得知厂商能够以低工资雇佣少量劳动力或以高工资雇佣大量劳动力的方式来实现相同水平的利润。将前述劳动力流量均衡等式及厂商利润极大化行为等式联立，可以得到工资分布的内生解，它与保留工资、工资报价等变量有关。最后可以看出，所有规定该模型内生变量均衡值的关系都从属于保留工资，而保留工资本身也是一个内生变量，可以由上述等式关系中解出。

总之，无论是基本搜寻模型的固定样本模型和序列寻访模型，还是其他的有关拓展，均以职业搜寻净收益最大化为基础，得出职业搜寻的均衡在于搜寻的边际收益等于边际成本。

二　农民工职业搜寻过程

农民工的职业搜寻是一个复杂的过程。一般情况下，他们在寻找工作前心中会确定一个最低工资，而后开始职业信息的搜寻，然而信息搜寻的渠道多种多样，他们会根据个人对不同渠道效率与成本的判断进行搜寻渠道选择。选择了某种渠道，农民工决定投入多少时间与努力来获取职业信息，最终作出是否就业的决策。具体来看，农民工的职业搜寻过程可以总结为四个阶段。

（一）保留工资的设定阶段

农民工的"保留工资"标准就是其愿意接受的最低工资，农民工群体与一般求职者一样在职业搜寻前心中会设定一个保留工资，在流动择业过程中具有微观理性（蔡昉，1997）。国外职业搜寻理论研究基本以保留工资为核心要素构建分析框架，求职者接受保留工资时停止搜寻。（McCall，1970；Mortensen，1970；Albrecht，Axell，1984；Burdett，Mortensen，1998）。保留工资通过影响求职者的工作搜寻决策、劳动参与意愿及职业流动行为影响其获得就业机会的可能（McCall，2000）。

农民工保留工资的确定受到许多因素的影响。首先，农民工的保留工资与人力资本正相关（董志强，2004；张建武，2007；张新岭，2010）。大部分农民工在城市从事技术含量低、操作简易的重复性工作，对学历与能力要求不高，只需其业务和技术熟练，从而随着在目前的工作岗位上从业时间增加，经历丰富的农民工在就业中会更具优势，心中设定的保留工资越高（张新岭，2010）。其次，农民工保留工资受社会资本因素的影响。张新玲（2010）通过实证研究发现农民工的社会网络规模越大、质量越高，设定的保留工资也越高。国外也有学者通过实证研究发现保留工资与社会网络规模的正相关关系（Marco Caliendo，Ricarda Schmidl，Arne Uhlendorff，2011）。再次，受到工资环境和参照认知等外部环境的影响。农民工确定保留工资时会考虑从事行业的工资环境，并对收入待遇进行横向、纵向比较。工资环境因素主要包括工作地生活成本、最低工资标准、平均工资水平、市场上找工作难易程度、个人和家庭消费支出等；认知参照因素包括工作时间安排、工作的内容和难度、单位的社会声誉的补偿性工资因素和包括上一份工作的收入、条件相近的朋友收入（李洪坚，2009）。

然而，这些信息由于自身人力资本约束和制度壁垒对农民工并非完全透明（查春燕，2007），农民工只能在有限的信息条件下制定出保留工资标准，并随着所掌握信息的变化而变化。

衡量保留工资具有理论上的难度，已就业员工的保留工资难以考察，许多学者用其目前的工资水平来替代，用报告的期望工资水平来替代失业员工的保留工资。董志强（2005）通过在调查问卷中设计问题"请问您对未来工作的月工资收入期望值是×元"获得保留工资数据。张新玲（2010）则通过直接询问农民工工作搜寻时所愿意接受的最低工资情况获得数据，并将农民工的保留工资区分为"刚进城时的保留工资"和"接受调查时的保留工资"，因为农民工刚进城工作与工作一段时间后保留工资会发生变化。农民工一般从事技术性低、操作简单的重复性工作，保留工资较低，一般每月工资平均水平在1000元左右（张新玲，2010）。

总之，农民工保留工资受到人力资本、社会资本和外部环境等因素的影响，农民工在有限的信息条件下考虑自己的最低愿意接受的工资标准，确定保留工资后开始职业搜寻过程。

（二）搜寻渠道的选择阶段

确定了保留工资，求职者选择某种搜寻渠道开始职业信息的搜寻。职业信息搜寻渠道的使用是职业搜寻过程中最重要的组成环节（Schwab et al.，1987）。职业信息搜寻渠道主要可以分为正式渠道和非正式渠道。正式渠道是国家和社会有意识建立形成的正式制度和程序方式，主要包括政府安排、就业部门介绍、公开考试和报纸网络招聘等；非正式渠道主要是指不依靠正式渠道而通过社会网络（亲戚和朋友）获取职业信息的途径。

农民工群体的职业信息搜寻渠道一般选择非正式的社会网络（李培林，1996；边燕杰，1997；张智勇2005）。主要源于对职业搜寻成本和效率的考虑。从职业搜寻成本来看，农民工寻职的成本包括直接成本和机会成本。直接成本包括交通、住宿、通信、伙食和职业介绍费等直接费用，机会成本是其搜寻期间离开家乡而失去的务农收入或其他收入等。在进城农民看来，社会网络渠道所付出成本最小，一方面农民工进城务工直接成本是可以节省的，接收到在某家企业上班的老乡或亲朋好友传递的该企业的工资福利、就业环境等信息后直接前往该企业上班，职业中介费、在城里找工作必须花费的房租、伙食、职业搜寻费用等几乎为零，交易费用最低（周毕芬，2009）。另一方面，搜寻期间的机会成本即相对时间成本也可以节省，农民工通过社会网络获取职业信息，省去了获取职业信息的中间环节，甚至可以边在老家干活边搜寻工作，而不需要事先进城。然而，相比之下，通过市场渠道为主的正式搜寻渠道搜寻职业信息需要求职者具备一定获取信息的能力，农民工人力资本匮乏，依靠正式渠道搜寻工作必然增加其相对的时间成本，因此农民工为节省相对时间成本可能倾向于使用社会网络渠道搜寻职业信息。

从职业搜寻的效率来看，有些学者已经在对求职者的调研中发现相对较高的效率是求职者普遍使用非正式搜寻渠道原因（Weber and Mahringer，2008）。许多关于工作搜寻渠道效率的文献以工作获得率衡量不同搜寻渠道的搜寻效率（Holzer，1988；Osberg，1993）。也有学者以搜寻所花费时间的长短来衡量搜寻效率，搜寻时间在 15 天以内为搜寻有效率，超过 15 天为搜寻无效率（林善浪，2010）。

本书认为农民工搜寻效率是其获得职业信息的速度和质量。张智勇（2005）将社会网络提高农民工工作搜寻效率总结为保证职业信息真实性，加快信息搜寻速度和信息显示功能三个方面。首先，社会网络保证了职业信息的真实性，社会网络的本质在于信任，在面临充斥着虚假信息的劳动力市场，风险规避的农民工更加信任通过亲戚和老乡等社会网络提供的职业信息。其次，社会网络加快了信息搜寻的速度，农民工认为通过社会网络获取的信息真实可靠，这就省去了辨别信息的时间；而且，农民工通过熟悉的社会网络获取职业信息中间环节简单，信息传递通畅快捷。最后，社会网络具有信号显示功能[①]，文凭可以成为劳动力市场上厂商区分劳动者生产率的信号；而农民工缺乏这一信号，厂商面对众多同质的求职者很难判断和选择，农民工依靠亲朋好友在其雇主面前的推荐可以以亲朋好友的信誉为自己提供一种担保。因此，以社会网络为主的非正式渠道具有搜寻职业信息的高效率，农民工群体信息获取能力低下而普遍拥有基于亲缘、地缘和业缘的社会网络，倾向于选择社会网络渠道搜寻职业信息。

总之，农民进城务工渠道的理性选择，就是选择他认为所付成本最小

---

① 出自迈克尔·斯宾塞的市场信号传递理论。

而搜寻效率较高的就业渠道。

（三）搜寻过程：投入搜寻努力程度

选择了某种搜寻渠道，农民工就开始了搜寻过程，对某一渠道投入搜寻努力。搜寻努力程度的投入关系到农民工职业搜寻付出的成本，是其净收益的重要影响因素，根据模型，农民工会选择相对最优的努力程度实现净收益最大化。

文献中许多作者找到不同的方法测量搜索努力程度。许多研究（Barron and Mellow，1979）使用一定间隔内求职花费的时间，作为努力搜寻的一个近似值；也有学者使用雇主接触（Kahn and Low，1990），Eriksson（2002）使用搜索方法和花费时间的综合指数。

考虑到数据的可获得性，我们以农民工职业搜寻时间衡量搜寻努力程度，农民工为了寻找职业投入的搜寻时间可以反映农民工为职业搜寻投入的努力程度。影响工作搜寻时间的主要因素，一方面与个人特征有关，如年龄、学历、保留工资和失业期所获收入；另一方面也与职业信息传递渠道的效率有关，使用不同渠道表现出不同的工作搜寻时间，例如使用社会网络的非正式渠道搜寻工作花费的时间较短，而使用自己寻找的正式渠道花费的时间较长（高哲理，2010；林善浪等，2010）。许多学者对农民工群体的首次职业搜寻时间问卷调查结果显示，农民工搜寻首份工作所花费时间一般不超过一个月，因为农民工进城寻找工作期间需要负担吃穿、住宿等费用，农民工收入不高并且一般习惯规避风险，他们不会选择长期负担这些成本（高哲理，2010）。然而，许多农民工可能在进城前通过对职业信息的获知和筛选就已作出就业决策，这些职业信息往往是通过社会网络（亲人和老乡）获取的可靠信息，这可以解释在问卷调查中出现一定比例农民工职业搜寻时间为零的现象。

（四）就业决策

求职者在期望收益达到或超过保留工资时才会选择就业。农民工根据搜寻所获职业信息，在务工期望净收益大于保留工资时，即结束职业搜寻过程，接受就业机会；在期望净收益小于保留工资时，选择继续搜寻。

三　农民工职业搜寻模型

（一）农民工群体的求职特征

在劳动力市场中，农民工群体求职主要呈现出以下特征：

首先，劳动力市场供求结构发生变化。劳动力供给方面，计划生育政策持续实施带来的人口转变改变了我国劳动力市场供给的规模与特质。计划生育政策下出生成长的新生代农民工逐步替代老一代农民工成为劳动力市场的重要主体，劳动力规模下降；同时新生代农民工所具备的特质（受教育程度、收入预期等）与老一代农民工差异明显。劳动力需求随着产业转移与技术更新发生转变。我国东、中、西部地区产业正在发生梯度转移，政府也明确提出引导和支持中西部地区承接产业转移，促进区域协调发展和东部沿海地区经济转型和升级的政策[1]。产业的转移同时伴随着技术的更新，不同行业对劳动力的专业化技能需求提高，满足企业需求的劳动力数量减少。

其次，风险规避的"理性"进城搜寻职业。农民工自身人力资本存量普遍较低，通过正式渠道（公开考试和报纸网络招聘等）搜寻职业的风险很大，为规避在城里找不到工作而承担无业流浪的风险，他们倾向于选择动用一定的社会关系（亲戚、朋友或同乡）搜寻职业信息。

再次，农民工保留工资逐渐差异化。由于农民工劳动力的无限供给，农民工的保留工资长期处于一个较低水平。根据前述农民工群体供给发生的变化，新生代农民工与老一代农民工人力资本存在差异，农民工的素质逐渐呈现差异化，新兴产业的发展也对农民工的素质有着新的要求，愿意提供的工资待遇也不同。换言之，用人单位已经认识到不同的农民工可以接受的最低工资不同。

最后，农民工愿意投入的搜寻努力程度发生变化。老一代农民工由于自身素质的限制，有着较低保留工资，乐意接受亲戚、同乡介绍的工资高于保留工资的工作，而投入较少的搜寻努力；而新生代农民工可能愿意花更多时间搜寻尽可能多的企业，最终筛选出工资较高的企业。

（二）农民工职业搜寻模型构建

农民工进行职业搜寻，目的在于获得超过心中设定保留的最高工资。一般认为，农民工找到高工资工作的概率与搜寻努力程度成正比，而且搜寻渠道的选择对其就业决策也有重要影响，但搜寻行为是有成本的。另外，本书不考虑企业对农民工的搜寻。

本章基于 Marco Caliendo、Ricarda Schmidl 和 Arne Uhlendorf（2011）

---

[1] 2010 年 8 月 31 日，国务院出台了《关于中西部地区承接产业转移的指导意见》。

使用的职业搜寻模型解释农民工职业搜寻过程。该模型阐述了一个基于正式搜寻和非正式搜寻①的两种搜寻渠道的选择。

$$\max\varphi = b - c(s_f, s_n) + (1/\rho)(\lambda_f(s_f) + \lambda_n(s_n + n))\left[\int_\varphi^\infty (w - \varphi)h(w)dw\right]$$

其中 φ 是保留工资；b 是未找到工作的收益，包括补助与现有收益。用字母 f 代表正式渠道，字母 n 代表非正式搜寻渠道，$c(s_f, s_n)$ 表示工作搜寻的成本，是关于搜寻努力程度 s 的函数。ρ 代表未来有限期预期收益的折现率，未来现金流量折成现值使用的比率；λ 是聘约到达概率；每一份聘约都代表着一份工资，$h(w)$ 是工资分布的概率密度。$\int_\varphi^\infty (w - \varphi)h(w)dw$ 即为工资与保留工资的差额 $(w - \varphi)$ 乘以企业出价大于保留工资的概率 $\int_\varphi^\infty h(w)dw$。

该模型假设：（1）职业搜寻的边际成本 $c(s_f, s_n)$ 随搜寻努力程度 s 而递增，即成本是搜寻努力程度 s 的严格凸函数。两种搜寻渠道相互替代，即假设 $\partial c^2/(\partial s_f \partial s_n) > 0$，成本关于投入正式渠道和非正式渠道搜寻努力程度的交叉偏导数大于 0，说明一种搜寻渠道的边际成本增加，求职者就会投入更多的努力到另一种搜寻渠道。

（2）聘约到达的概率 λ 随搜寻努力程度 s 的增加而增加，但增长速度减慢。其中采用正式搜寻方式时，工作到达率 λ_f 与搜寻努力程度 s_f 相关；采用非正式搜寻方式时，工作到达率 λ_n 与搜寻努力程度和社会网络规模 m 相关。

（3）通过调整搜寻努力程度，使得边际期望收益等于边际搜寻成本时，搜寻者实现收益最大化。

根据农民工求职的具体特征，本书对上述模型修正如下：

首先，将非正式渠道 n 进一步区分为强关系社会网络渠道 n_0 和弱关系社会网络渠道 n_1。有研究发现，有微弱的证据表明进城后新建的弱关系社会网络有助于农民工提高工资，而原有的强关系社会网络对提高工资无明显作用。

其次，社会网络质量才可能影响农民工的保留工资以及职业搜寻努力

---

① 正式渠道是国家和社会建立的正式制度和程序方式，主要包括政府安排、就业部门介绍、公开考试和报纸网络招聘等；非正式渠道主要是依靠社会网络（亲戚和朋友）或者完全凭借自身而不使用任何正式渠道进行职业搜寻的途径。托人介绍、个人申请和自雇都属于非正式渠道。

程度。本书将原模型中的社会网络规模变量 m 修正为社会网络质量变量 q。

最后，将农民工保留工资在一定搜寻期间视为预先设定的常数。而农民工群体进城就业，往往事先在心中设定了一个保留工资，在短期的搜寻职业过程中，不会轻易变化，相对比较固定。因此，原有模型中对保留工资的最优化分析修改为农民工收益 R 的最大化。修正后的模型为：

$$\max R = (1/\rho)(\lambda_f(s_f) + \lambda_{n_0}(s_{n_0}, q) + \lambda_{n_1}(s_{n_1}, q))$$

$$\left[w \int_{\varphi}^{\infty} h(w)\,dw \right] - c(s_f, s_{n_0}, s_{n_1})$$

第二节　农民工职业搜寻过程与职业流动

农民工在心中设定一个保留工资标准的条件下，开始其职业搜寻也就是寻找就业机会的过程。值得注意的是，这个职业搜寻的过程并不等于流动过程。在农民工职业流动前，他就可以开始职业搜寻过程。因此，职业流动只是农民工职业搜寻过后的一个决策行为，职业搜寻过程决定了农民工的职业流动状况。

农民工进城后的职业流动都是理性的选择且表现出不断寻求最小歧视和最大收益岗位的特征（田艳平、杨云彦，2006）。因此，作为理性的个体，农民工职业的流动也是以收益最大化为目标，目的是获取更高的工资或非经济待遇（如更优越的工作环境、更优厚的福利待遇等），从而实现向上流动。

因此，理论上可以假设：随着职业搜寻的进行，农民工获得的关于工作的信息必然增加，经过理性的分析（如农民工的职业搜寻解释模型所陈），农民工会从收入较低的工作流动到收入较高的工作，或者是从待遇差的工作流向待遇好的工作，获得比目前更高的收益。职业搜寻过程中的哪些因素影响着农民工向上流动的可能性，是本节需要解决的问题。

一　数据来源及变量说明

本章使用 2008 年全国综合社会调查问卷数据。全国综合社会调查（简称 CGSS）是由中国人民大学调查与数据中心 CGSS 项目组组织的中国第一个全国性、综合性、连续性的大型社会调查项目。从 2003 年开始每年一次，对全国 125 个县（区），500 个街道（乡、镇），1000 个居（村）委会、10000 户家庭中的个人进行调查。

经过初步筛选后剩余有效样本数为 479 份。其中，男性农民工占 56.6%（271 人），女性农民工占 43.4%（208 人）；受教育程度为小学及以下的占 20.9%（100 人），为中学的占 42.2%（202 人），为大专及以上的占 37.0%（177 人）。

职业流动离不开对职业信息的搜寻。农民工在职业流动过程中的搜寻行为及其变化可能带来不同的流动结果，是影响流动结果的重要因素。受问卷数据限制，本章将职业向上流动定义为：与上一份工作相比，最近的一份工作在劳动合同签订情况以及养老和医疗保险情况中，其他情况至少保持原来水平的同时，至少有一种情况发生改善；其中，没有变换工作的个体，第一个单位三种情况满足其一就算作职业的向上流动。

（一）农民工职业流动和个体特征分布

总样本中实现职业向上流动的农民工占比 50.3%，接近总样本的一半；另外有 49.7% 的农民工未实现职业向上流动，二者比例十分接近。（见表 8-1）

表 8-1　　　　　　　　农民工职业流动和个体特征分布

项目	分类	向上流动		合计（人）
		是的数量占比（%）	否的数量占比（%）	
性别	男	147（54.2）	124（45.8）	271
	女	94（45.2）	114（54.8）	208
年龄	25 岁以下	16（48.5）	17（51.5）	33
	26—35	84（54.9）	69（45.1）	153
	36—45	89（52.7）	80（47.3）	169
	46—55	37（42.5）	50（57.5）	87
	55 岁以上	15（40.5）	22（59.5）	37
居住地	城市	106（52.0）	98（48.0）	204
	集镇社区	45（46.4）	52（53.6）	97
	郊区	8（66.7）	4（33.3）	12
	农村	81（49.1）	84（50.9）	165

续表

项目	分类	向上流动		合计（人）
		是的数量占比（%）	否的数量占比（%）	
受教育程度	低	131（43.5）	170（56.5）	301
	中	98（59.4）	67（440.6）	165
	高	11（91.7）	1（8.3）	12
	总体受教育程度	241（50.3）	238（49.7）	479

从性别分布来看，男性农民工实现向上流动的比例为54.2%，高于女性的45.2%，虽然从数据上看差距不大，但是由于样本量较小，在样本量增大的情况下，这一差距更能显现；从年龄分布来看，25岁以下的年轻农民工中有超过一半（51.5%）的人未能实现职业的向上流动，但26—35岁和36—45岁年龄段的农民工中实现职业向上流动的比例均超过一半（54.9%和52.7%），说明有一定工龄的中青年农民工更可能实现向上流动。从居住地分布来看，居住在城市和郊区的农民工均有超过一半（52.0%和66.7%）的人实现职业向上流动，居住在农村和集镇的农民工实现向上流动的比例略低。从受教育程度分布来看，受教育程度低的农民工实现职业向上流动比例也较低，只占43.5%，受教育程度为中高等的农民工具有较大比例（59.4%和91.7%）。因此，这些变量对农民工是否实现职业流动存在一定影响，接下来的实证分析中，会作为控制变量纳入模型。

（二）保留工资

问卷中没有直接涉及保留工资的数据，考虑到目前工资的水平应该是大于或等于农民工搜寻到这份工作之前心中的保留工资，因此没有选择"目前工作的工资水平"来衡量保留工资。值得庆幸的是，问卷中还涉及一个问题"当时您在生活上有经济压力吗？"[1] 一般而言，生活经济压力大的农民工，由于生活压力所迫，为了尽快找到工作，不会要求太高的工资，因此其保留工资较低；而经济压力小的农民工，并不急于找到工作，往往对工作要求较高，一般经过众多信息的筛选比较后才会作出决策，因

---

① 问卷中具体问题为：当时您在生活上有经济压力吗？设计了4个答案，1＝完全无压力，2＝没压力，3＝有一点压力，4＝压力很大。

此保留工资较高。因此，本书采取经济压力程度来代替保留工资等级，经济压力越大，保留工资就越低。问卷中回答"经济压力程度为 4"的农民工保留工资等级设为 1，回答"经济压力程度为 3"的农民工保留工资等级设为 2，以此类推，回答"经济压力程度为 2 和 1"的农民工保留工资等级分别设为 3 和 4。

表8－2　　　　　　　　　　　　　保留工资分布

项目			保留工资水平				合计
			1	2	3	4	
向上流动	否	计数（人）	64	109	54	9	236
		比重（%）	62.1	48.4	41.9	47.4	49.6
	是	计数（人）	39	116	75	10	240
		比重（%）	37.9	51.6	58.1	52.6	50.4
合计		计数（人）	103	225	129	19	476
		比重（%）	100.0	100.0	100.0	100.0	100.0

统计显示（见表8－2），保留工资水平最低的人群中，62.1%的人未实现向上流动；保留工资较高人群中，超过一半的人实现了向上流动。说明，保留工资高的农民工实现向上流动的机会稍微大于保留工资低的农民工。保留工资可以反映一个人对于自身能力素质的判断，保留工资高的人认为自己可以胜任更好的工作，故而努力实现向上流动。

（三）搜寻渠道

职业信息搜寻渠道主要可以分为正式渠道和非正式渠道。正式渠道是国家和社会有意识建立形成的正式制度和程序方式，主要包括政府安排、就业部门介绍、公开考试和报纸网络招聘等；非正式渠道主要依靠社会网络（亲戚和朋友）或者完全凭借自身而不使用任何正式渠道进行职业搜寻的途径。托人介绍、个人申请和自雇都属于非正式渠道。

农民工主要依靠非正式渠道搜寻工作，政府在农民工就业中作用甚微。如图8－1所示，使用非正式渠道获取工作的样本占总样本的88%，其中24%的农民工是托人介绍工作的，34%为个人直接申请，20%为自雇；而通过职业介绍机构、人才交流会和组织调动等正式渠道获得工作的分别占5%、4%和3%，比例较小。

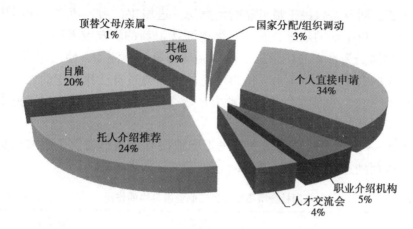

图8-1　农民工职业搜寻具体渠道分布

社会网络是农民工职业搜寻的主要非正式渠道。有学者在社会网络对农村流动人口求职过程的影响研究中，根据农村流动人口的特征，将以"血缘"和"地缘"为纽带的家属、亲戚和老乡界定为社会关系界定为"强关系"，将以"业缘"和"友缘"为主的朋友、同事和老板等社会关系界定为"弱关系"（边燕杰、张文宏，2001）。根据上文分析，通过这两种社会网络找到工作对农民工求职结果有着不同的影响。参照这一做法，本书对农民工职业流动中所使用的社会网络也作了"强关系"与"弱关系"的划分①，如表8-3所示。

表8-3　　　　　　历次流动决策使用的搜寻渠道　　　　　（单位:%）

项目	初次流动	再次流动	第三次流动
强关系	25.6	20.5	22.6
弱关系	16	20.9	22
自己	58.4	58.7	55.4

随着职业流动，农民工使用"强关系"和"弱关系"的倾向会发生变化。被调查农民工中有接近50%是通过社会网络找到工作的，随着流动次数的增加，农民工逐渐开始使用弱关系。农民工进城搜寻首份职业时，使用"强关系"获得工作的比例大于使用"弱关系"找到工作的比例，

---

①　根据问卷数据，将家人、熟人和同乡归为"强关系"，将朋友、同事、同学和战友归为"弱关系"

因为亲戚、朋友是农民工最可靠的信息源。进城工作后，随着工作经历的增加和在城市生活的延续，农民工会逐渐认识新的朋友或者同事，"弱关系"也逐渐成为重要的信息源。再次流动和第三次流动，使用"弱关系"找到工作的农民工比例上升。值得注意的是，通过自己找工作的农民工比例超过了50%，可能是近年来劳动力市场逐步完善，新生代农民工的求职能力逐步提高的结果。

表8-4给出了社会网络在农民工职业搜寻中具体提供了哪些信息资源又具体起到了什么作用，通过问卷数据统计如表8-4所示。

表8-4　　　　　　不同社会网络在农民工职业搜寻中的作用　　　　　　（单位:%）

项目	强关系			弱关系		
	初次	再次	第三次	初次	再次	第三次
提供工作信息	63.4	43.9	50	72	68.3	76.9
帮助准备工作申请材料	7.3	2.4	6.3	2.7	7.3	7.7
帮助呈递申请材料	5.7	9.8	0	0	2.4	0
安排与雇主代理人见面	19.5	34.1	37.5	24	19.5	0
关系人帮雇主做了一件事	0	9.8	6.3		0	15.4
其他	4	0	0	1.3	2.4	0

统计结果表明（见表8-4），农民工通过"强关系"主要获得提供工作信息与安排与雇主见面的帮助，随着流动次数的增加，农民工对"强关系"的依赖更明显地体现在安排与雇主代理人见面上，在第三次流动时占到了37.5%；农民工通过"弱关系"大部分是获得提供工作信息的帮助，几乎占到了70%以上，安排与雇主代理人见面也占有一定比例。

（四）搜寻努力程度

根据本书所建立的农民工职业搜寻模型，搜寻努力程度的投入直接影响农民工职业搜寻付出的成本，是其理性分析的重要依据和重要影响因素，农民工会选择相对最优的努力程度实现净收益最大。因此，投入的搜寻努力程度会影响农民工职业流动。一般来讲，搜寻努力程度的衡量存在理论上的难度。值得庆幸的是，问卷中对搜寻努力程度直接设问[1]，可以在一定程度上反映搜寻投入的努力。但是，这只是求职者个人对自己搜寻

---

① 用十分制（1分最低，10分最高）来衡量当时您对获取这份工作的努力程度，您给自己打分。

努力程度抽象的估计值，说服力不强。因此，笔者又发现了涉及搜寻时间的问题①，可以得到从开始寻找到正式就业的时间（周数），搜寻时间是对搜寻努力程度的具体衡量。继续挖掘数据，笔者还发现有关申请的单位数的问题②，农民工搜寻的单位数也可以具体反映其搜寻努力程度③。

农民工对自己在职业搜寻过程中投入的搜寻努力程度的估计值与职业流动方向相关性较低。统计显示（见表 8 - 5），无论是搜寻努力程度低、中还是高，实现向上流动的人与未实现向上流动的农民工比重接近，分别有 60%、51.8% 和 49.4% 的农民工实现了向上流动，有 40%、48.2% 和 50.6% 的农民工未实现向上流动，分布差异并不明显。

表 8 - 5　　　　　　　　　搜寻努力程度分布

项目			搜寻努力程度			合计
			低（1—4）	中（5—7）	高（8—10）	
向上流动	否	计数（人）	6	67	164	237
		比重（%）	40.0	48.2	50.6	49.6
	是	计数（人）	9	72	160	241
		比重（%）	60.0	51.8	49.4	50.4
合计		计数（人）	15	139	324	478
		比重（%）	100.0	100.0	100.0	100.0

农民工职业搜寻时间对其职业向上流动具有一定的正影响，然而搜寻时间过长也未必使其实现职业的向上流动。统计显示（见表 8 - 6），不到一周就找到工作的农民工中，实现职业向上流动的仅有 33.3%，花费 1 周找到工作的农民工中，实现向上流动与未实现向上流动的农民工比例基本相当，分别占 48.2% 与 51.8%；搜寻 2 周到 4 周的农民工中，实现向上流动的比重有一定增加，分别为 57.2%、52.0%、62.5%，这说明搜寻 2 周到 4 周是农民工职业搜寻的合理时间，实现职业向上流动需要这段时间。

---

① 您从开始寻找新的工作到正式开始这份工作，期间大约有 [　｜　] 周？

② 您曾经到多少个单位或公司去申请过工作（包括正式和非正式申请）？

记录：[　｜　] 个　　（如无须申请/没有申请过，则填 88）。

③ 为方便统计说明，笔者进一步对搜寻努力程度作了分类，值 1—4 赋值为"低"，值 5—7 赋值为"中"，值 8—10 赋值为"高"。

然而，搜寻5周以上的农民工中只有55.1%的人实现了向上流动，说明搜寻时间太长也不一定就能促进农民工职业向上流动。

表8-6　　　　　　　　　　　　搜寻时间分布

项目			搜寻时间						合计
			0周	1周	2周	3周	4周	5周以上	
向上流动	否	计数（人）	48	86	36	12	21	31	234
		比重（%）	66.7	51.8	42.4	48.0	37.5	44.9	49.5
	是	计数（人）	24	80	49	13	35	38	239
		比重（%）	33.3	48.2	57.6	52.0	62.5	55.1	50.5
合计		计数	72	166	85	25	56	69	473
		比重（%）	100.0	100.0	100.0	100.0	100.0	100.0	100.0

农民工在求职过程中搜寻的单位数对其实现职业向上流动具有一定的正影响。统计表明（见表8-7），总样本中有311个样本未申请单位，申请单位的样本只有168个。在未申请任何单位的样本中，有45.5%实现了向上流动；在申请单位样本中，有超过一半的样本实现了向上流动；申请过1家、2家和3家单位的样本分别有53.7%、63.3%和60.0%的样本实现了向上流动，申请过4家单位的样本则有65.7%的农民工实现了向上流动。这些数据说明搜寻的单位数量增加，农民工实现向上流动的可能性也会增加。

表8-7　　　　　　　　　　　　申请单位数分布

项目			申请单位数分段					合计
			0	1	2	3	4及以上	
向上流动	否	计数（人）	171	25	18	12	12	238
		比重（%）	55.0	46.3	36.7	40.0	34.3	49.7
	是	计数（人）	140	29	31	18	23	241
		比重（%）	45.0	53.7	63.3	60.0	65.7	50.3
合计		计数（人）	311	54	49	30	35	479
		比重（%）	100.0	100.0	100.0	100.0	100.0	100.0

（五）社会网络质量

根据上一章的职业搜寻模型，社会网络的质量与投入的搜寻努力程度共同决定了农民工获得工作的概率，是其收益最大化分析的关键所在。农民工在劳动力市场上就业渠道不畅，获得劳动力市场需求信息的能力也相对较弱（郑英荣，2005）。社会网络一定程度上有保证职业信息真实性，加快信息搜寻速度和信息显示的功能，降低了农民工的搜寻成本并提高了搜寻效率（张智勇，2005）。因此，社会网络质量可能对农民工实现向上流动产生影响。

问卷对就业起关键作用的人的特征进行了详细的设问，包括"您和他的相识程度？""您和他的亲密程度？""您对他的信任程度？"以及"他的职位等级？"五个问题。通过这些数据，我们可以对社会网络质量进行很好的衡量。如表8-8所示。

社会网络质量对农民工实现职业向上流动存在一定的正影响。统计显示，社会网络质量高的人群中，实现职业向上流动所占比例较大；其中，关键人所处的职业等级最为明显，关键人是非管理人员的农民工中，实现向上流动的只占46.4%，而关键人是中层管理人员的农民工78.3%实现了向上流动，而关键人是高层管理人员的农民工全部实现了职业的向上流动。

社会网络质量与搜寻努力程度之间可能存在一定的替代性。根据上一章模型阐述，农民工选择一定的搜寻渠道后才决定投入多少搜寻努力以及社会网络质量会不会影响农民工投入其中的搜寻努力程度。可以假设社会网络质量较高的农民工只需投入较少的搜寻努力就可以找到工作，而社会网络质量一般的农民工投入的搜寻努力较多。问卷也设置了搜寻努力程度的问题，用1—10的数据来衡量投入搜寻努力的多少。我们可以认为农民工与关键作用人之间相熟程度、亲密程度、信任程度越高，关键作用人职位等级越高，农民工社会网络质量也就越高，因为关键作用人与农民工关系越近，关键作用人职位等级越高，农民工通过其获取的信息越可靠，成功就业的概率也越高。如表8-8所示，搜寻努力程度（不同社会网络质量人群的均值）随着社会网络质量的提高具有一定减少的趋势，模型的假设在一定程度上得到验证，拥有优质社会网络的农民工投入的搜寻努力相对较少，社会网络质量与搜寻努力程度之间存在一定的替代性。

表 8-8　　　　　　　　　社会网络质量分布与搜寻努力程度

项目	程度	频数（次）	百分比（%）	向上流动		搜寻努力程度
				否	是	
相熟程度	不太熟	5	2.5	5（100）	0（0）	8.2
	比较熟	95	47.7	44（46.3）	51（53.7）	8.01
	非常熟	99	49.7	43（43.4）	56（56.6）	8
	合计	199	100	92（46.2）	107（53.8）	
亲密程度	谈不上亲密	12	6	4（33.3）	8（66.7）	8.25
	不太亲密	16	8	8（50）	8（50）	7.88
	比较亲密	94	47.2	48（51.1）	46（48.9）	8.12
	非常亲密	77	38.7	32（41.6）	45（58.4）	8
	合计	199	100	92（46.2）	107（53.8）	
信任程度	谈不上信任	3	1.5	2（66.7）	1（33.3）	8.67
	不太信任	5	2.5	3（60）	2（40）	9
	比较信任	107	53.8	54（50.5）	53（49.5）	8
	非常信任	84	42.2	33（39.3）	51（60.7）	8.35
	合计	199	100	92（46.2）	107（53.8）	
职位等级	非管理人员	110	55.3	59（53.6）	51（46.4）	8.42
	一般管理人员	46	23.1	26（56.5）	20（43.5）	7.97
	中层管理人员	23	11.6	5（21.7）	18（78.3）	8.34
	高层管理人员	6	3	0（0）	6（100）	8.16
	不清楚	14	7	2（14.3）	12（85.7）	
	合计	199	100	92（46.2）	107（53.8）	

注：括号中数字为比例，单位为%。

二　实证分析

（一）模型的设定及变量说明

模型中的因变量是求职者是否实现职业向上流动，向上流动取值为1，未向上流动取值为0，笔者使用 Binary Logistic 模型来考察职业搜寻过程各个环节与职业流动的关系：

$$Ln\left(\frac{p}{1-p}\right) = \beta_0 + \beta_1 x_1 + \beta_2 x_2 + \Lambda + \beta_n x_n$$

其中 p 表示实现职业向上流动的概率，β_i 为系数，x_i 为个体特征变量和职业搜寻变量。

综合以上变量的解释与说明，有关职业搜寻过程的解释变量主要可以分为：保留工资水平、搜寻渠道、社会网络质量、搜寻努力程度。这些变量都是职业搜寻过程很好的反映和说明，将这四个因素作为二元逻辑回归模型的解释变量作进一步考察，同时引入控制变量。性别、年龄和居住地这些个体特征变量可能都会影响职业流动；更为重要的是职业搜寻过程中未直接涉及的个体特征变量人力资本，许多学者认为人力资本对职业流动有显著影响，人力资本存量高的人群更可能获得职业的向上流动。因此，将性别等个体因素和人力资本变量设为控制变量。全部变量的含义如表8－9所示。

表8－9　　　　　　　　　　　　变量及定义

变量类别	变量名称	变量解释
个体特征	性别	男＝1；女＝2
	年龄	
	居住地	城市＝1；集镇社区＝2；郊区＝3；农村＝4
人力资本	受教育程度	低＝1；中＝2；高＝3
职业搜寻过程	保留工资	1—4（数值越大，保留工资水平越高）
	搜寻渠道	"强关系"为主＝1；"弱关系"为主＝2；自己找为主＝3
	社会网络质量	
	相熟程度	不太熟＝1；比较熟＝2；非常熟＝3
	亲密程度	谈不上亲密＝1；不太亲密＝2；比较亲密＝3；非常亲密＝4
	信任程度	谈不上信任＝1；不太信任＝2；比较信任＝3；非常信任＝4
	职位等级	非管理人员＝1；一般管理人员＝2；中层管理人员＝3；高级管理人员＝4；不清楚＝5
	搜寻努力	
	搜寻努力程度	1—10（数值越大，搜寻努力程度越高）
	搜寻时间	周数
	申请单位数	个数

续表

变量类别	变量名称	变量解释
职业流动	向上流动	是 =1；否 =0
	流动次数	次数

（二）回归结果及解释

由于农民工群体与城市居民主体在劳动力市场上求职与就业存在着较大差异，各自的搜寻能力以及搜寻成本不同，因此，本书分别对总样本、城市居民样本以及农民工样本进行回归分析，通过比较进一步说明农民工职业搜寻与职业流动的规律及特征。

从总体样本与城市居民样本来看（见表8－10），在对控制变量加以控制时，搜寻过程中各个环节涉及的变量对劳动者是否实现向上流动存在着显著影响。

表 8 –10　　　　全部样本职业搜寻过程与职业流动回归结果

变量	模型1（总样本）		模型2（城市居民）		模型3（农民工）	
	系数	OR 值	系数	OR 值	系数	OR 值
个体特征						
性别	− 0.97	0.908	− 0.122	0.885	− 0.498 **	0.608
年龄	− 0.021 ***	1.021	0.026 ***	1.027	− 0.008	0.992
居住地（城市）						
集镇社区	− 0.616 ***	0.540	− 0.552 **	0.576	− 0.108	0.898
郊区	0.194	1.214	0.254	1.289	0.515	1.673
农村	− 0.870 ***	0.419	0.452	1.572	0.025	1.025
人力资本						
受教育程度（低）						
中	0.602 ***	1.825	0.468 ***	1.597	0.528 ***	1.695
高	1.207 ***	3.345	1.084 ***	2.956	2.389 **	10.905
流动次数	− 0.806 ***	0.447	− 1.098 ***	0.333	0.257 **	1.293
职业搜寻过程						

续表

变量	模型 1（总样本）		模型 2（城市居民）		模型 3（农民工）	
	系数	OR 值	系数	OR 值	系数	OR 值
保留工资水平（低）						
中	0.245 **	1.277	0.145	1.156	0.580 *	1.786
较高	0.398 ***	1.448	0.335 **	1.398	0.793 **	2.210
高	0.604 **	1.829	0.600 *	1.821	0.428	1.535
搜寻渠道（强关系）						
弱关系	− 0.369 *	0.691	− 0.468 **	0.626	0.016	1.016
自己	0.026	1.027	0.002	1.002	− 0.332 *	0.718
搜寻努力程度	− 0.11	0.989	0.018	1.018	− 0.016	0.984
搜寻时间	0.015 **	1.015	0.009	1.009	0.000	1.000
搜寻单位数	− 0.010	0.991	0.008 *	1.008	0.037	1.037
常数项	0.351	0.221	0.558	1.747	0.680	0.738
− 2 对数似然值	3550.229		2284.458		558.336	
Cox & Snell R^2	0.164		0.162		0.093	
Nagelkerke R^2	0.223		0.230		0.124	

注：*、** 和 *** 分别表示结果在 10%、5% 和 1% 的水平上显著，以下模型中的符号均同此注释。

控制变量对职业流动的影响。回归结果显示，性别对劳动者是否实现向上流动无影响，而年龄和人力资本存在显著的正影响。说明城市居民男女就业机会更为平等，实现向上流动的可能性相当；而年龄越大，人力资本越丰富，劳动者实现向上流动的可能性也越大。另外，居住地和流动次数也是显著的影响因素，居住地距离城市中心越近，越可能实现向上流动；流动次数对劳动者向上流动存在负影响，说明流动频繁不一定能带来职业的向上流动。

职业搜寻变量对职业流动的影响。劳动者职业搜寻过程对其能否实现向上流动影响显著。第一，心中设定的保留工资越高，劳动者越可能实现向上流动，如上文分析，保留工资包含了劳动者对自身能力素质的判断，劳动者设定高的保留工资说明其更加具备向上流动的能力素质；第二，搜寻渠道的选择也会带来不同的流动结果，通过"强关系"获得工作的劳动者更可能实现向上流动，如上文分析，"强关系"可以提供更多帮助，甚至可以安排与雇主见面。第三，搜寻努力程度对劳动者是否实现向上流动存在着微弱的影响，搜寻时间和搜寻单位数的增加在一定程度上可以促进职业向上流动，而劳动者自估的搜寻努力程度则对职业流动无影响。这说明，在劳动力市场中，求职中的投入努力不会在很高概率上实现职业的向上流动。

农民工样本做出的回归结果一般，虽然 P 值为 0.00，Nagelkerke R^2 值仅为 0.124，模型拟合效果一般。这可能是因为样本量小，一些规律还没有显现。结果显示，第一，个体特征方面，与城市居民不同的是，男性农民工实现向上流动的可能性显著高于女性，女性农民工承担着更多的家庭责任，在职业的变更上往往更加依附于家庭需要，因此难以实现向上流动；年龄对其是否实现向上流动无显著影响，可能是新生代与老一代农民工的分层决定的，由于样本数量限制，没有作进一步研究。第二，与城市居民一样，人力资本对农民工是否实现向上流动也存在显著正影响，人力资本越丰富，实现向上流动的可能性越高。第三，与城市居民不同的是，农民工流动次数增加可以提高其实现向上流动的概率，说明农民工一开始普遍处于较低层次的职位，晋升渠道缺乏，只能通过工作的变换来寻求更高的福利待遇，因此经过几次职位变换可以提高实现向上流动的概率。第四，与总样本及城市居民不同，农民工投入的搜寻努力对其实现向上流动的正影响不显著，说明农民工在职业搜寻过程中投入的搜寻努力不能明显地帮助其获得更好的职位。

（三）进一步的讨论

由于自身禀赋的差异，农民工与城市居民在搜寻渠道的选择以及依赖程度存在着差异，社会网络渠道对实现向上流动的作用，值得进一步研究说明。为此，笔者将总样本、城市居民以及农民工样本中使用社会网络渠道获得工作的样本筛选出来，加入社会网络质量变量，利用 Binary Logistic 模型作进一步的回归分析。

从模型 4 和模型 5 的回归结果可以看出（见表 8 – 11），总体样本及城市居民使用"弱关系"搜寻工作实现向上流动的可能性是使用"强关系"的 0.704 和 0.574 倍，说明使用"强关系"更可能带来职业的向上流动。由模型 5 还可以看出，社会网络质量对城市居民实现向上流动无显著影响。

由于农民工样本量小，大多数变量显著性水平低。因此本书使用了 Forward Condition（Likelihood Ratio）方法，最终仅有两个变量纳入了模型。根据模型 6（见表 8-11），年龄在 0.001 的显著性水平上影响职业的向上流动，农民工年龄增加 1 岁，实现向上流动的可能性反而下降，这可能因为新老农民工没有分层引起的偏差。另外，社会网络质量被证明在农民工实现职业向上流动中作用显著。在 0.001 的显著性水平上，中间人是中层管理员的农民工实现向上流动的可能性是中间人为一般员工的 4.547 倍。说明与城市居民相比，农民工想要实现职业向上流动，更多地依赖社会关系的职业层次也就是社会网络质量。高质量的社会网络更可能使其改善待遇，实现向上流动。

表 8-11　　社会网络使用者职业搜寻过程与职业流动回归结果

变量	模型 4（总样本）		模型 5（城市居民）		模型 6（农民工）	
	系数	OR 值	系数	OR 值	系数	OR 值
个体特征						
性别	0.025	1.025	-0.103	0.902		
年龄	0.009 *	1.009	0.023 ***	1.023	-0.044 ***	0.957
居住地（城市）						
集镇社区	-0.126	0.882	0.173	1.189		
郊区	0.319	1.375	0.825	2.282		
农村	-0.520 *	0.594	1.261 **	3.529		
人力资本						
受教育程度（低）						
中	0.528 ***	1.695	-1.807 ***	0.164		
高	1.494 ***	4.455	-1.187 ***	0.305		
流动次数	-0.343 ***	0.710	-0.596 ***	0.551		
职业搜寻过程						
保留工资水平（低）						
中	0.040	1.041	-0.011	0.989		
较高	0.378 *	1.459	0.358	1.431		

变量	模型 4（总样本）		模型 5（城市居民）		模型 6（农民工）	
	系数	OR 值	系数	OR 值	系数	OR 值
高	0.513	1.670	0.376	1.456		
搜寻渠道（强关系）						
弱关系	− 0.351 **	0.704	− 0.556 ***	0.574		
社会网络质量						
职业等级（非管理层）						
一般管理	0.348 **	1.416	0.170	1.186	− 1.112	0.758
中层管理	0.554 ***	1.741	0.365	1.441	1.515 ***	4.547
高级管理	0.310	1.363	− 0.074	0.929		
亲密程度（不亲密）						
不太亲密	− 0.901	0.406	− 0.506	0.603		
比较亲密	− 0.456	0.634	0.476	1.610		
非常亲密	− 0.233	0.792	0.599	1.820		
相熟程度（不熟）						
不太熟	− 0.617	0.540	− 20.146	0.000		
比较熟	− 0.712	0.491	− 20.989	0.000		
非常熟	− 0.626	0.535	− 20.942	0.000		
搜寻努力程度	0.006	1.006	0.030	1.031		
搜寻时间	0.017 **	1.017	0.015 *	1.015		
搜寻单位数	− 0.032	0.968	0.048	1.049		
常数项	0.763	2.144				
− 2 对数似然值	1202.491		750.370		234.622	
Cox & Snell R^2	0.142		0.157		0.146	
Nagelkerke R^2	0.190		0.216		0.195	

第三节　主要结论与启示

首先，根据本书研究，农民工通过政府提供的服务获取工作的比例只有9%，大部分是通过自己和社会网络寻得工作。因此，各级政府应重视农民工进城就业的服务工作，从制度和政策上推动劳动力市场培育与建设，主动为进城农民工提供就业信息，消除劳动力市场上的信息障碍与制度障碍，确保农民工公平参与市场竞争，降低他们的搜寻成本与难度，从而提高农民工在寻职过程中的博弈能力。具体来看，政府可以设立专门部门为进城农民工找市场、找信息，再将获得的信息通过电视、报纸等媒体发送给他们，降低他们信息的搜集成本。同时，应大力建立和完善中介机构，根据文中统计，通过职业介绍机构获取工作的农民工只占5%。中介机构可以有效减少劳动力市场摩擦，架构供求双方的信息桥，使得农民工更易获取与自身相匹配的工作。

其次，作为非正式渠道，社会网络仍然是农民工获取就业信息的重要途径。根据分析，拥有高质量社会网络的农民工较为容易实现职业向上流动，获取就业信息的成本（花费的搜寻努力程度）较低。无论是"强关系"还是"弱关系"，都给农民工提供了职业搜寻的重要信息源，"强关系"的作用更为直接而不仅仅体现在信息的传递上，"弱关系"更倾向于信息的传递。因此，政府相关部门应该通过公共政策引导，积极为农民工搭建交流互动平台，方便农民工建立新的社会网络，丰富信息源，从而提高职业向上流动的可能，获得更高的就业匹配质量。进城农民工自身也应该积极扩张社会网络，组织"老乡会"、发展"同事圈"，甚至可以组织行会，增强凝聚力，构建更高质量的社会网络。

最后，上文分析就业匹配质量随着流动次数的增加呈现"倒U"形变化。前三次流动，农民工就业匹配质量逐渐提高，但是频繁流动（4次以上）不一定带来更高的就业匹配质量，反而会有所下降。因此，政府应该进一步完善保护农民工在就业市场的权益的机制，建立公平合理的农民工的薪酬与社会保障机制，强化企业以人为本的用人理念，关怀员工，防止用人单位随意损害农民工的权益，使得农民工被迫流动，使得他们难以获得好的就业匹配质量。

第九章 结论、政策含义与研究展望

第一节 结论与贡献

信息的流动是信息社会的一个重要特征，信息作为非实物形态生产要素与物质、能源、人力等要素相比有诸多不同。那么信息的流动会有什么规律？从宏观角度考察信息会在哪些区域间流动？不同的区域间流动的信息是否"同质"呢？信息流动的空间结构以及这种结构形成的原因是本书研究的目的。基于这样的目的，本书对信息流动进行了定性和定量的分析，得到以下结论。

一 主要结论与政策含义

（一）信息流的空间特征——多中心网络化

纵观全国31个省、市、自治区间信息流动的规模和方向，本书认为信息的空间流动已经形成了多中心网络化特征，在"量"和"质"上分层明显，具体分析为：

1. 三大集聚中心：京津地区、沪苏浙地区和广东省组成信息流网络空间第一层

三大集聚中心信息化程度很高，且与周围腹地间信息流动活跃，已经发展成为信息的集散地和创新中心。但从信息的吸收和辐射方向上看，京津地区是信息辐射中心，沪苏浙地区和广东省是信息的吸收中心。

（1）京津地区局部自相关指数很大且为正，对华北地区乃至全国的信息辐射效果明显，呈现出辐射范围广、流量大的特点。而信息的吸收主要倾向于腹地河北省和东北三省，京津地区是我国大的信息辐射中心。

（2）沪苏浙地区局部自相关指数很大且为正，其信息化的发展对周围地区起到了带动作用。信息流动与京津地区辐射范围广的特点不同，其信息输出极化明显，80%的信息都流向了本地区和京津地区，相反其信息的

吸收范围很广，几乎均匀地遍布全国，因此我们判断沪苏浙地区成为信息吸收中心。

（3）广东省的信息化发展程度很高，局部自相关指数很大却为负。广东省的信息吸收主要来自两个方向：沪苏浙地区和江西、湖北、安徽等中部不发达地区。而信息的输出主要指向沪苏浙地区，却没有中部诸省。这就说明广东省和沪苏浙地区已经形成弱联结社会网络，两者间交流管理经验、工作技能等双方受益的创新信息。而和中部地区之间的信息交流，仅有中部打工大军带入广东省的家乡文化、生产技能，当他们返乡时，受教育程度和信息能力的限制，带回去的经验和技能很少。而中部地区大量劳动力的流失使得信息化发展程度与广东省差距越来越大，导致广东省局部自相关为负值。

2. 辽宁省、福建省和西部的重庆市、陕西省组成信息流网络空间的第二层次

辽宁省主要吸收京津地区的信息辐射和相邻东北地区诸省的信息输出，形成信息极化中心。吸收的信息中来自京津地区的信息占27％，相邻黑龙江和吉林的信息占20％。辽宁省的影响范围集中于京津地区和东北地区。

福建省位于沪苏浙地区和广东省两大集聚中心之间，形成信息扩散中心，辐射到沪苏浙地区的占总信息辐射量的64％，辐射到广东的信息占6％。吸收的信息总量中有8％来自广东，11％来自上海，10％来自浙江。福建省的影响范围集中于沪苏浙地区和广东省，借助于自身"结构洞"的地理位置，实现了信息的有效交流，信息化发展程度较好。

西部的重庆市和陕西省形成信息极化中心。信息影响范围主要集中于西部地区，但极化效应还不明显。

3. 山东省、河南省和湖南省形成信息流网络结构的第三层

山东省位于京津地区和沪苏浙地区之间，与两大信息集聚中心有信息交流，但规模不大，仅形成局部扩散中心。

河南省吸收的信息中有16％来自京津地区，17％来自沪苏浙地区，虽然地理上不邻近，但依赖于较完善的交通基础设施等因素带来信息交流的活跃。

湖南省依赖人员的流动等因素实现与广东省和沪苏浙地区的信息交流，但规模不大，对信息化的促进作用有限。

　　总之，我国 31 个省、市、自治区间信息流动组成了一个多中心多层次的网络结构，包括以三大集聚中心为核心的多层次网络结构和西部地区诸省组成的信息交流网络。

　　（二）信息流动下的区域间联系及政策含义

　　1. 从各集聚中心与邻近腹地的关系来看，按照创新能力和信息流动活跃程度分类

　　（1）创新能力弱、信息流动不活跃的地区，包括河北省、安徽省和江西省。它们的信息化发展程度都非常落后，而且局部自相关指数均为负，已经成为信息化发展的"低洼地"。这些地区曾经有大量的信息流到邻近的集聚中心（可能借助于物资、能源、人才等的流出）。生产要素的流出减缓了本地区的信息化发展，又没能充分利用地理优势建立与集聚中心间的强联结社会网络。尤其是在信息化迅速发展，地理优势作用减弱的情况下，沪苏浙地区的信息甚至跨越安徽省和江西省直接流向了湖南省和河南省。这些"低洼地"必须提高信息吸收能力，利用信息流的"介入机会"，加大与集聚中心间的区域联系，才能实现信息化的跨越式发展。

　　（2）创新能力强，信息流动不活跃的地区。山东省位于两大集聚中心之间，且处于东部沿海，地理位置优越。山东省的科学研究水平和创新能力都非常强，但信息化发展似乎跟不上它的创新能力，从信息流动的状况可以解释这一现象。山东的局部自相关指数为负，信息流动不活跃，就如同一个满腹经纶的学者不与人交流，他的学问不为人所知，没有交流也不会有发展。由此我们得到一个结论：仅有创新能力是不能真正实现创新的，没有学者间的交流就不会有学问的延续和发展，没有管理者间的交流就不会有管理经验的扩充，没有研究机构和企业间的交流也就没有创新向实际经济效率的转化。和山东省特征相似的是湖北省和陕西省，这些地区发展最首要的便是多种渠道（包括正式交流和非正式交流）信息交流的增加。和它们相反的是浙江省，科教水平并不是最高，但凭借大量的信息交流，信息化发展水平很高。

　　（3）创新能力强，信息流动活跃的地区。福建省位于沪苏浙地区和广东省之间。看现代信息存量表发现福建省现代信息存量仅次于上海、北京和广东，其信息吸收能力非常强，借助于优越的地理位置，福建省与两大集聚中心间建立信息传输通道。从社会网络的角度来看，福建省位于京津地区和沪苏浙地区两大强联系社会网络的"结构洞"位置，吸收两边"异

质"的信息，对创新的促进作用巨大，拥有位置优势。

2. 社会网络的结构和联系

（1）中部地区内部各省间信息流动并不活跃，联系不强。湖南省临近广东，已经被划入"泛珠江三角洲"；江西、安徽临近沪苏浙地区，和长江三角洲联系密切；河南临近山东和京津地区。因此如果说中部地区诸省形成一个社会网络的话，也是一个联系"密度"低的松散的社会网络。"疏网"由于联系少，各区域间没有形成信任平台，没有"团结力"，因此势必资源配置效率低下，生产效率低。这也是中部地区一直难以发展的一个原因。但"疏网"也有优势，网络内各区域与外部联系较多，"结构洞"多，能够吸收更多的"新质"的信息，"结构洞"带来的来自多个群体的不同源信息汇合于中部地区，更有利于创新。因此，就中部地区而言，只要能发挥好各"结构洞"的连接作用，加强网络内各区域的联系，完全有可能实现"中部崛起"。既能吸收网络外异质信息，又能充当"守门人"的角色，实现对网络内信息的控制，是"结构洞"的优势所在。中部诸省要发挥"结构洞"的优势，首先要提高教育水平、促进创新发展，进而提高信息吸收能力，以最大限度地吸收新鲜信息并加以整合应用。

（2）相对于中部地区的"疏网"，西部地区之间构建的是"密网"。西部地区这一特征非常明显，各地区信息化发展程度低下，但区域自相关指数都非常高，说明各区域间联系密切，但这种信息的交流仅限于西部社会网络内部，没有新质信息的流动，强联系带来大量的信息冗余，创新能力却不强。因此，对于西部地区要寻求发展，就需要积极建立与网络外区域的联系。加大信息通信基础设施投资，保证信息交流通道的畅通，搭建各种正式和非正式交流平台、促使本地区信息的流出，提高信息处理效率，吸引网络外信息的流入，只有加强区域间联系促进信息交流才能实现信息化的发展。

（三）信息流空间结构形成的机制与政策含义

从宏观空间结构看信息的流动，多中心网络化是其最大的特征。信息流在中心之间的集聚是动态的过程，包括信息流动在方向上的选择性、在规模上的递增性以及在层次上的分化。

1. 信息流的规模报酬递增造成信息流在极化中心之间以及邻近区域间集聚

（1）信息流动的递增性理论带来信息流的规模报酬递增。信息流动过程伴随着信息的增值（包括量的增加和质的改进）和信息的衰减（包括量的减少和质的降低）。信息流的增值也就是信息流的规模报酬递增性。从认知的报酬递增上看，信源方信息的流出不会减少信息的占有，信宿方信息的吸收不仅增加了信息存量，还带来激发、启迪、灵感、联想，产生新质的信息，信宿向信源反方向的反馈又带给信源以新的信息。双方交流的结果不仅都增加了信息存量，信息交流的升级也产生新的对话基础，信息能力得以增强、信息意识提高，这些都是信息交流过程中的增值。从经济角度的报酬递增看，信息的流入从微观上改变了信息资源要素关联方式，增加资源配置效率，从宏观上促使区域间形成相互补充、相互协调的动态联系，构建起的社会网络又促进信息的交流。正是由于信息流的增值性，信息追求最大效益的特性决定了信息总是流向已有较大流量的方向。

（2）信息流动的衰减性理论带来信息流的规模报酬递增。信息的衰减源于信息流动过程中载体的物理衰减，流经边界时的社会、文化、政策等因素带来的衰减，信宿吸收能力差异带来信息价值实现的减少（这里吸收能力包括信宿的知识储备信息理解能力、基础设施信息处理能力、政策机制信息转化能力等）。正是由于信息流动过程中量和质的衰减，信息流量将会集聚于信息增值大、衰减少的信道上。信息人才丰富、信息基础设施建设完备、信息意识强处理效率高的区域以及与信源处于相同社会、文化背景下的区域都是信息流集聚的方向，如三大集聚中心之间的信息流收益最大，邻近区域之间信息交流最顺畅等。

2. 空间扩散理论认为信息的交流组成人际社会网络，而社会网络的结构和强度影响信息的流动

长久以来相互联系频繁，各区域间物质、资金、劳动力等长期的交流形成相对稳定的社会关系系统即为社会网络。各区域组成社会网络的"节点"，而区域间的联系便是网络的"联系"，不同的"节点"和"联系"组成形态各异的社会网络，信息的流动构建起社会网络，社会网络的建立又促进了信息的交流。网络联系的强弱和结构的不同都对信息的流动有影响。

（1）关系强度对信息流的影响不同

"节点"间频繁的交流构成强联系，社会网络内部成员间往往是强联系，高度的互动建立起相互信任的平台，在面临风险和危机时，强联系是

可以依赖的对象。因此强联系网络内信息流动意愿强、效率高,共同的背景有利于不可编码信息的传输,但也使信息冗余严重。

弱联系多发生在与网络外主体的交流中,处于不同社会网络中的主体,拥有完全不同质的信息。这样的信息交流是新鲜的、未知的和非重复的,能够激发创新、改善知识结构。因此弱联系网络适合可编码信息的传递,扩大了交流的范围,尤其是在网络化高度发展的今天,依赖于网络可以建立遍布全球的弱联系,提高了信息的转移和吸收能力。

区域要实现信息化的发展,网络内强联系和网络间弱联系同等重要,在瞬息万变的当今社会,区域需要强联系来帮助面对高风险,也需要弱联系建立高的灵活性和反应速度。

(2)网络结构对信息流的影响不同。社会网络按其结构可分为"密网"和"疏网"。网络密度越大,信息流动越有效,区域间越"团结",资源配置效率越高。而"疏网"较多的"结构洞"也搭建起更多与外界交流的桥梁,信息吸收能力更强。"结构洞"拥有位置优势,既能接收到网络外新质的信息,也实现了对网络内信息的控制。信息化发展较落后区域占据"结构洞"的位置至关重要,网络通信基础设施的发展,使得"结构洞"不一定在地理位置上邻近两大网络,如河南省跨越江西省和安徽省吸收沪苏浙地区的信息辐射就是个例子,也是中部地区信息化发展的捷径。

(四)从信息流的影响因素谈信息化发展对策

分析模型实证结论,我们发现信息流最大的特征就是多中心网络化和距离衰减,另外还发现对信息流以及信息化发展起到影响作用的因素,不同的地区所处地理位置、经济发展状况等都不同,对其提高信息化水平和促进信息交流的措施也不相同。

信息的流动依赖于三个要素:信源、信宿和信道。信息量的不守恒性使得信息无论是流出还是流入都促进了区域信息化的发展,信息的活跃得益于流出和流入两个方面。区域既要增加信息的吸收能力,也应努力扩大信息的辐射范围和强度,形成多方向、多层次的信息交流通道。

首先,信息的辐射实现信源对信宿的控制和影响。信息的创新和整合是信息产生的源头,因此创新能力的培养和整合处理效率的提高是增强信息辐射能力的途径。这就需要提高科学教育水平、加大信息基础设施建设投资和加强科研机构与企业单位的交流促进信息向现实竞争力的转化。

其次，信息的吸收实现信息存量的提高和信息结构的改善。与信源间地理距离、行业距离和社会距离影响信息的吸收。全球化社会地理距离作用减弱，行业距离和社会距离成为主要影响因素。

最后，信道的畅通保证信息流动的效率。信息的流动可能依赖于物质载体，如物流、人流、资金流等形式，因此交通基础设施建设、人才交流体系、金融共建平台等都能促进信息的交流。信息通过网络的交流实现与载体的分离，网络基础设施建设是信息交流的保障。

信息流动归根结底源于区域间的相互作用和联系。信息在社会网络中流动，结构不同的社会网络上流动的信息也不同。因此应当在社会网络中看信息的流动，研究与网络内和网络外其他区域间的联系，分析本区域在网络中所处的位置，才能更全面地了解区域信息流动的态势，作出正确决策。

二　主要贡献

（1）从区域空间联系的角度动态地、全局地理解信息流动。

（2）构建模型找到我国现阶段信息流动的空间格局——多中心网络化，以及信息流动影响下新的等级秩序。

（3）从信息流定量测算的结果分析信息流动空间格局形成的机制。

（4）定性讨论信息流动与数字鸿沟的关系。

第二节　局限与展望

一　本书局限

信息流的研究是一个新的问题，找到信息流动的空间结构并对其进行理论解释是本书研究的目的。首先，对信息流的度量还不够成熟，模型构建的理论支撑还有待加强。其次，由于精力和能力的限制，对信息流动集聚格局的机制讨论没能进行定量分析，各因素在多大程度上影响信息流动，还有待进一步检验。

二　研究展望

（1）对信息流进行更深入的研究。在阅读更大量参考文献的基础上，更深入研究信息流的特征和理论，在更强理论支撑下构建信息流规模模型。

（2）从社会网络视角研究信息流动是本书创新之处，对其更深入的研究也是以后的研究方向。

（3）加强定量研究，检验信息流动机制，讨论各因素对信息流的影响程度。

参考文献

［1］［澳］H. 巴凯斯、路紫：《从地理空间到地理网络空间的变化趋势——兼论西方学者关于电信对地区影响的研究》，《地理学报》2000年第1期。

［2］［美］安纳利·萨克森宁：《地区优势：硅谷和128公路地区的文化与竞争》，上海远东出版社1999年版。

［3］包昌火等：《人际网络分析》，《情报学报》2003年第3期。

［4］边燕杰、张文宏：《经济体制、社会网络与职业流动》，《中国社会科学》2001年第2期。

［5］陈彦光、刘继生：《基于引力模型的城市空间互相关和功率谱分析》，《地理研究》2002年第6期。

［6］蔡昉：《劳动力流动、择业与自组织过程中的经济理性》，《中国社会科学》1997年第4期。

［7］蔡靖方、刘磊：《城市的相互作用和城市体系》，《高等函授学报》（自然科学版）1995年第6期。

［9］崔军强：《北京已建立70家科技企业孵化器》，《茂名日报》2006年4月10日。

［10］戴元光：《传播学原理与应用》，兰州大学出版社1988年版。

［11］董超：《信息通信技术与东北地区空间极化响应研究》，硕士学位论文，东北师范大学，2007年。

［12］董志良、路紫、白翠玲：《中国网络信息流的空间结构模式分析》，《地球信息科学》2005年第3期。

［13］董志强、蒲永健：《失业劳动力保留工资影响因素的实证研究》，《中国软科学》2005年第1期。

［14］樊霞、朱桂龙：《区域创新网络的结点联结及其创新效率评价——以广东省为例》，《工业技术经济》2008年第12期。

［15］葛园园：《用户信息需求层次的时序结构分析》，《情报探索》2006 年第 10 期。

［16］国家统计局国际统计信息中心：《中国信息化水平测算与比较研究》，国家信息化办公室委托研究课题。

［17］郭文炯、白明英：《中国城市航空运输职能等级及航空联系特征的实证研究》，《人文地理》1999 年第 3 期。

［18］高哲理：《农民工工作搜寻行为研究》，硕士学位论文，中国社会科学院研究生院，2010 年。

［19］胡鞍钢、周昭杰：《新的全球贫富差距：日益扩大的"数字鸿沟"》，《中国社会科学》2002 年第 3 期。

［20］蒋永福、李集：《信息运动是大规律》，《情报资料工作》1998 年第 5 期。

［21］金凤君：《我国航空客流网络发展及其地域系统研究》，《地理研究》2001 年第 2 期。

［22］金文朝、金钟吉、张海东：《数字鸿沟的批判性再检讨》，《学习与探索》2005 年第 1 期。

［23］靖继鹏、张向先、李北伟：《信息经济学》，科学出版社 2007 年版。

［24］康凯：《技术创新扩散理论与模型》，天津大学出版社 2004 年版。

［25］廖建：《贫困地区信息流动及其阻碍因素分析》，《农业图书情报学刊》2003 年第 1 期。

［26］李国平、王立明、杨开忠：《深圳与珠江三角洲区域经济联系的测度及分析》，《经济地理》2001 年第 1 期。

［27］李艺：《信息与信息量》，《自然辩证法研究》1998 年第 14 期。

［28］李彦丽、路紫：《中、美旅游网站对比分析及"虚拟距离衰减"预测模式》，《人文地理》2006 年第 6 期。

［29］林肯堂等：《区域经济管理学》，高等教育出版社 2004 年版。

［30］林善浪、张丽华：《社会资本、人力资本与农民工就业搜寻时间的关系——基于福建省农村地区的问卷调查》，《农业经济》2010 年第 6 期。

［31］《改革开放 30 年报告》，http：//www. stats. gov. cn/tjfx/ztfx/jnggkf30n/t20081112_ 402516171. htm。

　　［32］F. W. 兰卡斯特：《情报检索系统——特性、试验与评价》，陈光祚等译，书目文献出版社 1984 年版。

　　［33］李航飞、汤小华、魏文佳：《福建省县域经济差异成因空间统计分析》，《杭州师范学院学报》（自然科学版）2007 年第 4 期。

　　［34］李航飞、汤小华：《福建省县域城镇化发展水平空间自相关分析》，《韶关学院学报》（自然科学版）2008 年第 12 期。

　　［35］李福刚、王学军：《地理邻近性与区域创新关系探讨》，《中国人口资源与环境》2007 年第 3 期。

　　［36］李培林：《流动民工的社会网络和社会地位》，《社会学研究》1996 年第 4 期。

　　［37］连燕华：《技术创新过程的信息模型》，《科技管理研究》1994 年第 2 期。

　　［38］刘春亮：《我国信息网络与交通网络对应性研究》，硕士学位论文，河北师范大学，2007 年。

　　［39］刘红、真虹：《信息技术发展对城市交通客流量替代作用的定量研究》，《系统工程理论与实践》2000 年第 9 期。

　　［40］刘慧、甄峰、梁作强：《信息化影响下居民活动特征探讨——以苏锡常地区为例》，《河南科学》2007 年第 2 期。

　　［41］刘昆雄：《信息流动与物化机制研究》，《图书情报工作》2005 年第 5 期。

　　［42］刘宗寅：《全息教学论原理》，山东大学出版社 1990 年版。

　　［43］柳礼奎、路紫：《论网站信息流整合及其对人流的导引》，《情报科学》2007 年第 10 期。

　　［44］卢小宾：《信息消费动力及其行为分析》，《情报资料工作》2002 年第 3 期。

　　［45］路紫：《论通信网络之空间形态——距离和边界的障碍作用》，《经济地理》2000 年第 2 期。

　　［46］路紫、张会巧：《石家庄市交通导引系统的实施对城市空间格局的积极影响》，《经济地理》2003 年第 2 期。

　　［47］［英］D. 麦奎尔等：《大众传播模式论》，祝建华等译，上海译文出版社 1997 年版。

［48］马晓冬、马荣华、徐建刚：《基于 ESDA-GIS 的城镇群体空间结构》，《地理学报》2004 年第 6 期。

［49］［苏］A. N. 米哈依洛夫、A. N. 乔尔内、P. C. 吉里列夫基：《科学交流与情报学》，徐新民等译，科学技术出版社 1980 年版。

［50］苗长虹、王海江：《河南省城市的经济联系方向与强度——兼论中原城市群的形成与对外联系》，《地理研究》2006 年第 2 期。

［51］年福华、姚士谋：《信息化与城市空间发展趋势》，《世界地理研究》2002 年第 3 期。

［52］钱学森等：《论系统工程》，湖南科技出版社 1982 年版。

［53］覃成林：《论信息网络与区域经济发展创新》，《经济师》2003 年第 1 期。

［54］让娜·当拉米昂：《信息的传递》，《信使（联合国教科文组织）》1981 年第 6 期。

［55］申农：《通讯的数学理论》，上海市科学技术编译馆 1965 年版。

［56］孙凌云：《信息需求的研究概况》，《科技情报开发与经济》2006 年第 13 期。

［57］田艳平、杨云彦：《外来人口的职业流动与就业适应》，《西北人口》2006 年第 5 期。

［58］［美］维纳：《控制论——或关于在动物和机器中控制和通讯的科学》，科学出版社 1985 年版。

［59］《维纳著作选》，上海译文出版社 1978 年版。

［60］汪丁丁、哈耶克：《"扩展秩序"思想研究（第一部分）》，载汪丁丁《通向林中高地》，山东教育出版社 1999 年版。

［61］汪明峰、宁越敏：《城市的网络优势——中国互联网骨干网络结构与节点可达性分析》，《地理研究》2006 年第 3 期。

［62］王德忠、庄仁兴：《区域经济联系定量分析初探——以上海与苏锡常地区经济联系为例》，《地理科学》1996 年第 1 期。

［63］王海江、苗长虹：《我国客运交通联系的距离衰减规律》，《经济地理》2008 年第 3 期。

［64］王怀诗：《信息运动规律初探》，《图书与情报》1996 年第 4 期。

［65］王夏洁、刘红丽：《基于社会网络理论的知识链分析》，《情报杂志》2007 年第 2 期。

［66］王晓光：《社会网络范式下的知识管理研究述评》，《图书情报知识》2008 年第 7 期。

［67］王伟、靖继鹏：《公共危机信息传播的社会网络机制研究》，《情报科学》2007 年第 7 期。

［68］王杨、孙中伟、樊莉莉：《中国户外运动网站的现状及其对人流的导引——以石家庄乐游户外运动俱乐部网站为例》，《石家庄学院学报》2006 年第 5 期。

［69］王铮、武巍、吴静：《中国各省区经济增长溢出分析》，《地理研究》2005 年第 2 期。

［70］魏后凯：《现代区域经济学》，经济管理出版社 2006 年版。

［71］［美］威廉·邦奇：《理论地理学》，商务印书馆 1991 年版。

［72］魏宗财、甄峰、张年国、席广亮：《信息化影响下经济发达地区个人联系网络演变——以苏锡常地区为例》，《地理科学进展》2008 年第 7 期。

［73］魏宗财：《基于城市居民家庭层面的信息技术社会空间效应研究》，硕士学位论文，南京大学，2008 年。

［74］［英］B. C. 维克利：《情报科学的理论与实践》，中国科学技术情报研究所硕士研究生班译，科学技术文献出版社 1990 年版。

［75］吴钢华：《信息的增值研究》，《情报学报》1997 年第 16 期。

［76］吴钢华：《信息增值的特点及其原理概述》，《情报理论与实践》1998 年第 2 期。

［77］邬昆：《哲学信息论》，陕西人民出版社 1987 年版。

［78］吴士锋、路紫：《网站信息流对现实人流替代函数的计算与应用——以中国互联网络发展状况报告为例》，《经济地理》2007 年第 1 期。

［79］乌家培：《网络经济》，长春出版社 2000 年版。

［80］熊勇：《劳动力市场搜寻理论与人力资本投资》，硕士学位论文，武汉科技大学，2003 年。

［81］徐刚：《全国各地的信息流浅析》，《情报科学》1986 年第 7 期。

［82］姚士谋、陈爽、朱振国：《从信息网络到城市群区内数码城市的建立》，《人文地理》2001 年第 5 期。

［83］严难兵、周晓东：《社会网络中的隐性知识转移》，《经营管理》2008 年第 18 期。

［84］严怡民等：《现代情报学理论》，武汉大学出版社 1996 年版。

［85］阎小培：《城市发展的未来趋势》，《国外城市规划》1998 年第 4 期。

［86］元媛、路紫、张建伟：《我国城市间网络服务器信息流距离衰减研究的方法论设计》，《沈阳师范大学学报》（自然科学版）2008 年第 4 期。

［87］苑子熙：《应用传播学》，北京广播学院出版社 1991 年版。

［88］查春燕：《农民工求职的信息障碍研究》，博士学位论文，东北财经大学，2007 年。

［89］张建武、崔惠斌：《大学生就业保留工资影响因素的实证分析》，《中国人口科学》2007 年第 6 期。

［90］张馨之、何江：《中国地区经济发展差距的空间分析》，《地域研究与开发》2007 年第 1 期。

［91］张葳、路紫、王然：《西太平洋国家及地区间电信流空间结构研究》，《研究地域研究与开发》2005 年第 6 期。

［92］张智勇：《社会资本与农民工职业搜寻》，《财政科学》2005 年第 1 期。

［93］甄峰等：《数字化时代的城市与区域发展构想》，《人文地理》2000 年第 2 期。

［94］真虹、刘红、张婕姝：《信息流与交通运输相关性理论》，人民交通出版社 2000 年版。

［95］郑曦：《信息的经济效益》，《福州大学学报》1991 年第 1 期。

［96］郑国、赵群毅：《山东半岛城市群主要经济联系方向研究》，《地域研究与开发》2004 年第 5 期。

［97］郑英荣：《中国农民工弱信息能力初探》，《经济学家》2005 年第 5 期。

［98］周文骏：《图书馆学情报学词典》，书目文献出版社 1991 年版。

［99］钟义信：《信息科学原理》，北京邮电大学出版社 2002 年版。

［100］中共中央办公厅、国务院办公厅：《2006—2020 年国家信息化发展战略》（中办发［2006］11 号）［EB/OL］，http：//www.cnii.com.cn/20050801/ca350966.htm，2005 年 8 月 1 日。

［101］周兵、冉启秀：《产业集群形成的理论溯源》，《商业研究》

2004 年第 14 期。

［102］周毕芬、阙春萍：《农民工进城务工渠道及其影响因素分析》，《福建农林大学学报》（哲学社会科学版）2009 年第 1 期。

［103］周毅：《信息资源宏观配置管理研究》，《档案学通讯》2004 年第 3 期。

［104］周一星、杨焕彩：《山东半岛城市群发展战略研究》，中国建筑工业出版社 2004 年版。

［105］朱道才、吴信国、郑洁：《经济研究中引力模型的应用综述》，《云南财经大学学报》2008 年第 5 期。

［106］朱卫东：《新时期用户信息需求的特征与满足》，《江西图书馆学刊》2005 年第 5 期。

［107］Adams P. , "Cyberspace and virtual place", *Geographical Review*, 87 (2), 1997.

［108］Adams P. , "Network technologies and virtual place", *Annals of the Association of American Geographers*, 88 (1), 1998.

［109］Adams P. and Ghose R. , "India. com: the construction of a space between", *Human Geography Progress*, 2003.

［110］Albrecht J. W. , B. Axell, "An equilibrium Model of Search Employment", *Journal of Political Economy*, No. 92, 1984.

［111］Andrea Weber, Helmut Mahringer, "Choice and Success of Job Search Methods", *Empirical Economy*, 35: 153 - 178 DOI 10. 1007/s00181-007-0148-z.

［112］Anselin L. , "*Spatial Econometrics*" in Baltagi B. , *Companion to Econometrics*, Basil Blackwell, Oxford, 2000.

［113］Anselin L. , "The Local Indicators of Spatial Association", *Geographical Analysis*, No. 27, 1995.

［114］Applebe T. W. , Dineen C. A. , "*Point-to-Point Econometric Model of Canada Overseas MTS Demand*", Presented at the National Telecommunication Forecasting Conference: Washington, 1993.

［115］Arnoldi Maria Rosa, Frings Hermann, "Telecommunications and Emerging Spatial Realities: the Italian Case", NETCOM, 5 (2), 1991.

［116］Batty M. , "Virtual Geography", Futures, 29 (4 - 5), 1997.

［117］ Barthelem M. , Gondran B. , Guichard E. , "Spatial Structure of the Internet Traffic", Physica A. , No 319, 2003.

［118］ Beaverstock J. V. , Smith R. G. , Taylor P. J. , "World City Network: A New Meta-geography", Annals of the Association of American Geographers, 90 (1), 2000.

［119］ Becky P. Y. Loo, Agnes Y. P. Wong, "Internet Development in Asia_ Pacific: Spatial Patterns and Underlying Locational Factors", Netcom, 16 (3 − 4), 2002.

［120］ Barnett George A. , Chon Bumsoo, Rosen Devan, "The Structure of the Internet Flows in Cyberspace", http: //alor. univ_ montp3. fr/netcom_ labs/volumes/NET15. html, 2005 − 01 − 15.

［121］ Bewley R. , Fiebig D. G. , "Estimation of Price Elasticties for an International Telephone Demand Model", *The Journal of Industrial Economics*, 36 (4), 1988.

［122］ Bourdieu P. , "The Form of the Capital. Handbook of Theory and Research for the Sociology of Education", New York: Greenwood Press, 1986.

［123］ Burt R. , "Structural Holes-the Social Structure of Competition", Cambridge, MA: Havard University Press, 1992.

［124］ Burtrs, "The Network Structure of Social Capital" ［A］. SUTTON R. , STAW B. Research in Organizational Behavior ［ C ］. CT: JAI Press, 2000.

［125］ Cairncross F. , "The Death of Distance: How the Communications Revolution Will Change Our Lives ", Boston: Harvard Business School Press, 1997.

［126］ Call J. J. , "Economics of Information and Job Search", Quarterly Journal of Economics, Vol. 184, 1970.

［127］ Caniels M. C. , Verspagen B. , "Barriers to Knowledge Spillovers and Regional Convergence in an Evolutionary Model", Evolutionary Economics, No. 11, 2001.

［128］ Castells M. , "The Rise of Network Society", Oxford: Blacewell, 1996.

［129］ Castells Manuel, *"The Informational City: Information Technolo-*

gy, *Economic Restructuring and the Urban-Regional Progress*", Oxford U K & Cambridge USA. : Blackwell Publishers, 1989.

[130] Castells M. , "*The culture of cities in the information age*", In: Conference Frontiers of the Mind in the Twenty-First Century, Library of Congress, Washington D C, June 14 – 18, 1999.

[131] Coleman J. , "*Foundations of Social Theory*", Cambridge, MA: Harvard University Press, 1990.

[132] Cliffa, Ord J. K. , "*Spatial processes: models and application*", London: Pion, 1981.

[133] Dewan, Riggins, "The Digital Divide: Current and Future Reserch Directions", *Journal of the Association for Information Systems*, No. 12, 2005.

[134] DiMaggio, P. E. Hargittai, C. Celeste, S. Shafer, "From Unequal Access to Differentiated Use: A Literature Review and Agenda for Research on Digital Inequality", In Neckerman, K. (Eds.), *Social Inequality*, New York, NY: Russell Sage Foundation, 2004.

[135] Dodge M. , "The Geographies of Cyberspace", Centre for Advanced Spatial Analysis working paper series, University College London, 1999.

[136] Dodge M. , Shiode N. , "Where on Earth is the Internet? —An Empirical Investigation of the Geography of Internet Real Estate", In: Wheeler J. O. , Aoyama Y, eds. , *Cities in the Telecommunications Age: The Fracturing of Geographies*, London: Routledge, 1998.

[137] Donert K. , "Virtually Geography: Aspects of Changing Geography of Information and Communications", *Geography*, 85 (1), 2000.

[138] Dubin R. A. , "Spatial Auto correlation: A Primer", Journal of Housing Economies, No. 7, 1998.

[139] Evens P. B. , Wurster T. S. , "Strategy and the New Economics of Information", Harvard Business Review, 75 (9 – 10), 1997.

[140] Economic and Statistics Administration and NTIA, "Falling Through the Net: Defining the Digital Divide", *U. S. Department of Commerce*, 1999.

[141] Economic and Statistics Administration and NTIA, "Falling

Through the Net: Defining the Digital Divide", U. S. Department of Commerce, 2000.

[142] Economic and Statistics Administration and NTIA, "Falling Through the Net: Defining the Digital Divide", U. S. Department of Commerce, 2002.

[143] Economic and Statistics Administration and NTIA, "Falling Through the Net: Defining the Digital Divide", U. S. Department of Commerce, 2004.

[144] Fiebig D. G. , Bewley R. , "International Telecommunications Forecasting: An Investigation of Alternative Functional Forms", *Applied Economics*, No. 19, 1987.

[145] Friedman J. , Wolff G. , "World City Formation: An Agenda for Research and Action1Internationa", *Journal of Urban and Regional Research*, No. 6, 1982.

[146] Gaspar Jess, Edward L. , Glaeser, "Information Technology and the Future of Cities", Cambridge, MA: Harvard Institute of Economic Research, Harvard University Publishers, 1996.

[147] Graham S. , Marvin S. , "Telecommunications and the City: Electronic Spaces, Urban Places", London: Routledge, No, 434, 1996.

[148] Graham S. , Marvin S. , "Planning Cyber-Cities? Integrating tele-communi-cations into urban planning", Town Planning Review, 70 (1), 1999.

[149] Graham S. , "Towards Urban Cyberspace Planning: Grounding the Global Through Urban Telematics Policy and Planning", In: Downey J. , McGuigan J, eds. Technocities, London: Sage, 1999.

[150] Granovetter M. S. , "The Strength of Weak Ties", *American Journal of Sociology*, 1973.

[151] Granovetter M. , "Economic Action and Social Structure: The Problem of Embeddedness ", *American Journal of Sociology*, 91 (3), 1985.

[152] Griffth D. A. , "Spatial Auto correlation and Spatial Filtering", Germany: Springer, 2003.

[153] Gorman S. P. , "The Death of Distance but not the End of Geogra-

phy: The internet as a network", In: Brunn S. D. , Leinbach T. R. , eds. , "Worlds of Electronic Commerce: Economic, Geographical and Social Dimensions", New York: John Wiley, 2001.

[154] Guldmann J. M. , "Spatial Analysis of Telecommunication Flows", http: //facweb. knowlton. ohio _ state. edu/jguldmann/crpinfo/research/ CHAP_ JMG2. pdf, 2004 – 11 – 26.

[155] Hackl P. , Westlund A. H. , "On the Price Elasticity of International Telecommunication Demand", Information Economics and Policy, No. 7, 1995.

[156] Hagerstrand T. , "Innovation as a Spatial Process", Chicago: University of press, 1967.

[157] Hansen M. T. , "The Search-transfer Problem: The Role of Weak Ties in Sharing knowledge Across Organization", *Administrative Science Quarterly*, No. 44, 1999.

[158] Harvey J. , Miller, Shih - Lung Shaw, "Geographic Information Systems for Transportation - Principles and Application", New York: Oxford University Press, 2001.

[159] Holzer H. , "Informal Job Search and Black Youth Unemployment", American Economic Review, 77 (3), 1987.

[160] Jung, J. , Qiu J. , Kim Y. , "Internet Connectedness and Inequality: Beyond the Divide", *Communication Research*, 28 (4), 2001.

[161] Kannan R. , Ray L. , Sarangii S. , "The Structure of Information Networks", *Econcomic Theory*, No. 30, 2007.

[162] Katz M. , Shapiro C. , "Network Externalities, Competition and Compatibility", *American Economic Review*, No. 75, 1985.

[163] Keeling D. J. , "Transport and the World City Paradigm", Cambridge: University, 1995.

[164] Kellerman A. , "Proposal for a Commission on the Geography of Information Society 2000 – 2004", Netcom, 14 (2), 2000.

[165] Kenneth Burdett, Dale T. , "Mortensen. Wage Differentials, Employer Size and Unemployment", *International Economic Review*, Vol. , 39, No. 2, 1998.

[166] Kitchin R. M., "Towards Geographies of Cyber Space", *Progress in Human Geography*, 22 (3), 1998.

[167] Ken Friedman, "Restructuring the City: Thoughts on Urban Patterns in the Information Society", Sweden: [s. n.], 1996.

[168] Krackhardt David, "The Strength of Strong Ties: The Importance of Philos in Organizations", In: Nohria, Nitin, Robert G. Eccles, eds., *Networks and Organizations: Structure, Form, and Action*, Boston: Harvard Business School Press, 1992.

[169] K. T. Rouzes, J. D. Myers, W. A. Wulf, "Collaboratories: Doing Science on the Internet", *Computer*, No. 29, 1996.

[170] Lago A. M., "Demand Forecasting Model of International Telecommunications and Their Policy Implications", *The Journal of Industrial Economics*, No. 19, 1970.

[171] Leamer E. E., Storper M., "The Economic Geography of the Lnternet age: Impact of the Internet on International Business", *Journal of International Business Studies*, No. 32, 2001.

[172] Line M. B., Sandison A., "Obsolescence and Changes in the Use of Literature with Time", *Journal of Documentation*, 30 (3), 1974.

[173] Lord Baltimore Hotel, Baltimore, Maryland, "Spatial Technologies, Geographic Information and the City", National Center for Geographic Information and Analysis, Baltimore [EB/OL]. http: //www. ncgia. ucsb. edu/conf/BALTIMORE/report. html, 2005 – 01 – 20.

[174] Malecki E. J., "The Internet: A Preliminary Analysis of its Evolving Economic Geography", In: Global Economic Geography Co ference, Singapore, 2000.

[175] Manfred M., Fischer, "Learning in Neural Spatial Interaction Models: A Statistical Perspective", *Journal of Geographical Systems*, 4 (3), 2002.

[176] Marco Caliendo, Ricarda Schmidl, Arne Uhlendorff, "Social network, job search methods and reservation wages: evidence for Germany", *International Journal of Manpower*, 32 (7), 2011.

[177] Meyer D. R., "A Dynamic Model of the Integration of Frontier Ur-

ban Places into the United States System of Cities", Economic Geography, 56, 1980.

[178] Moss M. L. , Townsend A. M. , "Spatial analysis of the Internet in U. S. cities and states", In: Technological Futures-Urban Futures Conference, Durham, England, 1998.

[179] Moss M. L. , Townsend A. M. , "Manhattan Leads the Net Nation New York: Taub Urban Research Center", New York University, 1997.

[180] Moss M. L. , Townsend A. M. , "Tracking the Net: Using Domain Names to Measure the Growth of the Internet in US Cities", *Journal of Urban Technology*, 4 (3), 1997.

[181] Moss M. L. , Townsend A. M. , "The Internet Backbone and the A-merican Metropolis", *The Information Society Journal*, No. 16, 2000.

[182] Moss M. L. , Wade C. , Wong J. L. , "Municipal government On-line: How NYC can Become the Internet City", *Prepared for the Office of the Public Advocate for New York and the Accountability Project Inc*, New York: Taub Urban Research Center, New York University, 1999.

[183] Moss M. L. , Wardrip-Fruin N. , Harrigan P. , "New York City Web Guides: An In-depth Analysis of New York City's Web Presence", New York: Taub Urban Research Center, New York University, 1999.

[184] Murnion S. , Healey R. G. , "Modeling Distance Decay Effect in Web Server Information Flows", *Geographical Analysis*, 30 (4), 1998.

[185] Mossberger, K. C. J. Tolbert, M. Stansbury, "Virtual Inequality: Beyond the Digital Divide", Washington DC: Communication Research, No. 2, 2003.

[186] Narushige Shiode, "Urban Planning, Information Technology and Cyberspace", *Journal of Urban Technology*, No. 72, 2000.

[187] Odland J. , "Spatial Autocorrelation", California Sage Publications. Inc. 1988.

[188] OECD, "Understanding the Digital Divide", Paris, France, OECD Publication, 2001.

[189] Ord. J. K. , Getis, "A Local Spatial Autocorrelation Statistics: Distribution Issues and an Application", *Geographical Analysis*, 27 (4),

1995.

[190] O'Rrien R., "Global Financial Integration: The End of Geography", New York: Council on Foreign Relations Press, 1992.

[191] Osberg L., "Fishing in Different Pools: Job-search Strategies and Job-Finding Success in Canada in the Early 1980s", J. Labor Economy, No. 11, 1993.

[192] Putnam, R., Leonardi R., Naetti, R., "Making Democracy Work: Civic Traditions in Modern Italy", Princeton: Princeton University Press, 1993.

[193] Reilly W. J., "Methods for the Study of Retail Relationships", University of Texas, 1929.

[194] Rietveld P., Janssen L., "Telephone Calls and Communication Barriers-The Case of the Netherlands", *The Annals of Regional Science*, No. 24, 1990.

[195] Rogers E. M., "Diffusion of innovations (5th edition)", New York: Free Press, 1995.

[196] Roger Bivand, "A Review of Spatial Statistical Techniques for Location studies", [EB/OL] http: //www. nhh. nn/gen/gib/gib1998//gib983/lund. html. 1999 – 05 – 05.

[197] Schwab D. P., Rynes S. L., Aldag R. J., "Theories and research on job search and choice", In Rowland KM, Ferris GR (Eds.), *Research in Personnel and Human Resources Management* (Vol. 5, pp. 129 – 166). Greenwich, CT: JAI Press, 1987.

[198] Starrs P., "The Sacred, the Regiona and the Digital", *The Geographical Review*, 87 (2), 1997.

[199] Steineke J. M., "The Web and the Cities: Explaining Spatial Patterns of Internet Accessibility and Use in Norway", Rogaland Research, Working Paper RF-2000/116, 2000.

[200] Sternberg R., Krymalowski M., "Internet Domains and the Innovativeness of Cities/Regions—Evidence from Germany and Munich", *European Planning Studies*, 10 (2), 2002.

[201] Taylor J., "The Emerging Geographies of Virtual Worlds", *Geo-*

graphical Review, 87 (2), 1997.

[202] Thrift N., "New Urban Eras and Old Technology Fears: Reconfiguring the Goodwill of Electronic Thing", *Urban Studies*, 33 (8), 1996.

[203] Tiefelsdorf M., "Modeling Spatial Process: The Identification and Analysis of Spatial Relationships in Regression Residuals by Means of Moran's I", Berlin: Springer, 2000.

[204] Townsend A. M., "Networked cities and the global structure of the Internet", *American Behavioral Scientist*, 44 (10), 2001.

[205] UCLA Workshop, "Social Aspects of Digital Libraries", http://www-lis.gseis.ucla.edu/DL/, 1996.

[206] Umberson D., "The Effect of Social Relationships on Psychological Well-being: Are Men and Women Really so Different", *American Sociological Review*, 61 (5), 1996.

[207] Van de Klunder T., Smulders S., "North-South Knowledge Spillovers and Competition: Convergence Versus Divergence", *Journal of Development Economics*, 50, 1996.

[208] Verspagen B., "Uneven Growth between Interdependent Economies", Datawyse: Masastricht Press, 1992.

[209] Wang Z., "Spatial Interaction: A Statistical Mechanism Model", *Chinese Geography*, 10 (3), 2000.

[210] Wellman Barry, S. D. Berkowitz, "Social Structures: A Network Approach", Cambridge University Press, 1988.

[211] Wheeler D. C., O'Kelly M. E., "Network Topology and City Accessibility of the Commercial Internet", *Professional Geographer*, 51 (3), 1999.

[212] Wulder M., Boots B., "Local Spatial Autocorrelation Characteristics of Remotely Sensed Imagery Assessed with the Gaits statistic", *International Journal of Remote Sensing*, 19 (11), 1998.

[213] Ziming Liu, "Transborder Information Flow Through Human Movement: Implications for Professional Interactions", *The International Information & Library Review*, No. 36, 2004.

[214] Zipf G. K., "The P1 P2/D Hypothesis: on the intercity movement

of persons", *American Sociological Review*, 1946.

[215] Zook M. A. , "Old Hierarchies or New Networks of Centrality: The Global Geography of the Internet Content Market", *American Behavioral Scientist*, 44 (10), 2001.

[216] Zook M. A. , "The Web of Consumption: The Spatial Organization of the Internet Industry in the United States", the Association of Collegiate Schools of Planning 1998 Conference, Pasadena, CA, 1998.

[217] Zook M. A. , "The web of production: the economic geography of commercial Internet content production in the United States", *Environment and Planning*, No. 32, 2000.

附　　录

附表1　　　　　　　　　　　区际信息流规模

	北京	天津	河北	山西	内蒙古	辽宁	吉林	黑龙江
北　京	0	531.08	123.30	13.11	95.50	20.35	6.58	11.06
天　津	557.95	0	78.69	8.37	55.04	14.44	4.44	7.47
河　北	313.12	190.23	0.00	7.62	33.06	6.74	2.18	3.67
山　西	257.18	156.24	58.86	0.00	42.76	5.54	1.79	3.01
内蒙古	235.73	129.33	32.14	5.38	0.00	4.71	1.60	2.69
辽　宁	256.55	173.29	33.47	3.56	24.05	0.00	7.05	11.85
吉　林	166.01	106.67	21.66	2.30	16.38	14.10	0.00	14.55
黑龙江	122.03	78.48	15.94	1.69	12.04	10.37	6.36	0.00
上　海	214.19	142.67	40.58	4.60	21.13	4.96	1.61	2.70
江　苏	185.04	120.81	35.05	3.97	18.25	4.29	1.39	2.33
浙　江	150.72	98.40	28.55	3.23	14.87	3.49	1.13	1.90
安　徽	139.85	91.30	26.49	3.16	13.80	3.24	1.05	1.76
福　建	62.52	40.82	12.75	1.66	6.17	1.45	0.47	0.79
江　西	86.97	56.78	18.30	2.38	10.34	2.01	0.65	1.10
山　东	300.62	196.27	56.95	6.06	29.66	6.96	2.25	3.79
河　南	186.20	117.26	42.61	5.55	24.09	4.16	1.34	2.26
湖　北	132.05	83.08	30.19	3.93	17.06	2.94	0.95	1.60
湖　南	80.93	50.97	18.52	2.41	10.47	1.81	0.58	0.98
广　东	52.85	34.50	12.07	1.57	6.82	1.22	0.40	0.67
广　西	30.84	19.42	7.06	0.92	4.00	0.69	0.22	0.37
重　庆	61.57	38.78	14.09	2.32	10.99	1.37	0.44	0.75

续表

	北京	天津	河北	山西	内蒙古	辽宁	吉林	黑龙江
四　川	51.91	32.69	11.88	1.95	9.27	1.16	0.37	0.63
贵　州	34.13	21.49	7.81	1.14	5.41	0.76	0.25	0.41
云　南	16.75	10.55	3.83	0.56	2.65	0.37	0.12	0.20
西　藏	7.54	4.59	1.73	0.29	2.25	0.16	0.05	0.09
陕　西	149.54	94.18	34.22	5.63	26.69	3.34	1.08	1.82
甘　肃	67.24	40.93	15.42	2.58	20.03	1.45	0.47	0.79
青　海	51.22	31.18	11.75	1.97	15.26	1.11	0.36	0.60
宁　夏	113.69	69.07	26.02	4.36	33.79	2.45	0.79	1.33
新　疆	9.01	5.48	2.07	0.35	2.68	0.19	0.06	0.11

附表2　　　　　　　　　　区际信息流规模

上海	江苏	浙江	安徽	福建	江西	山东	河南	湖北
354.97	84.92	130.65	0.79	13.28	0.49	22.14	66.46	7.48
248.39	58.25	89.61	0.54	9.11	0.34	15.19	43.97	4.95
170.77	40.85	62.85	0.38	6.88	0.26	10.65	38.63	4.34
149.38	35.74	54.98	0.35	6.92	0.26	8.75	38.87	4.37
86.44	20.68	31.82	0.19	3.23	0.14	5.39	21.22	2.39
103.65	24.80	38.15	0.23	3.88	0.14	6.47	18.70	2.10
67.08	16.05	24.69	0.15	2.51	0.09	4.18	12.10	1.36
49.35	11.81	18.17	0.11	1.85	0.07	3.08	8.90	1.00
0.00	169.24	400.66	1.37	36.02	0.94	11.21	45.03	9.44
611.14	0.00	224.94	1.15	22.87	0.71	9.69	38.90	8.09
765.98	119.08	0.00	0.99	31.62	0.82	7.89	31.68	7.60
401.94	92.85	151.08	0.00	17.62	0.62	7.32	30.97	7.08
280.98	49.40	128.99	0.47	0.00	0.72	3.27	16.28	5.49
274.33	57.74	125.94	0.62	26.95	0.00	4.55	23.36	7.88
252.29	60.36	92.86	0.56	9.44	0.35	0.00	42.53	5.16

上海	江苏	浙江	安徽	福建	江西	山东	河南	湖北
209.05	50.01	76.94	0.49	9.69	0.37	8.78	0	6.12
276.15	65.54	116.33	0.71	20.58	0.79	6.71	38.53	0.00
182.41	40.20	83.74	0.43	17.74	0.66	4.12	23.64	7.97
177.53	33.91	81.50	0.37	26.57	0.63	2.77	15.41	5.19
74.34	15.32	83.94	0.17	8.92	0.27	1.57	9.01	3.04
85.02	20.18	35.82	0.21	6.34	0.21	2.55	16.26	4.00
55.83	13.25	23.52	0.14	4.16	0.15	2.15	13.71	2.63
67.28	14.95	30.89	0.16	6.54	0.27	1.42	9.97	2.77
33.01	7.33	15.16	0.08	3.48	0.13	0.70	4.89	1.34
7.99	1.85	3.00	0.02	0.44	0.02	0.28	1.80	0.28
175.09	40.45	65.81	0.44	8.57	0.33	6.37	39.48	5.68
71.23	16.46	26.77	0.18	3.49	0.13	2.52	16.06	2.30
54.27	12.54	20.40	0.14	2.66	0.10	1.92	12.24	1.75
77.42	17.88	29.10	0.19	3.79	0.15	3.87	17.46	2.51
9.55	2.21	3.59	0.02	0.47	0.02	0.34	2.15	0.31

附表3　　　　　　　　　　　　区际信息流规模

湖南	广东	广西	重庆	四川	贵州	云南	西藏	陕西
8.02	17.07	4.02	1.744	22.94	12.76	8.63	4.08	0.847
5.31	11.71	2.66	1.154	15.18	8.44	5.71	2.61	0.561
4.66	9.90	2.34	1.014	13.33	7.42	5.02	2.38	0.492
4.69	9.96	2.35	1.288	16.94	8.36	5.66	3.07	0.625
2.56	5.44	1.29	0.769	10.11	4.99	3.38	3.00	0.373
2.26	4.98	1.13	0.491	6.46	3.59	2.43	1.11	0.238
1.46	3.22	0.73	0.318	4.18	2.32	1.57	0.72	0.154
1.08	2.37	0.54	0.234	3.07	1.71	1.16	0.53	0.114
10.1	34.60	5.85	1.453	14.89	15.18	10.27	2.61	0.599

湖南	广东	广西	重庆	四川	贵州	云南	西藏	陕西
8.69	23.87	4.35	1.246	12.76	12.18	8.24	2.18	0.499
9.58	30.36	12.62	1.170	11.99	13.32	9.01	1.87	0.430
7.60	20.93	3.81	1.055	10.81	10.54	6.99	1.90	0.437
8.28	40.38	5.47	0.845	8.66	11.52	8.44	1.12	0.229
11.2	35.71	6.13	1.049	11.87	17.62	11.68	1.53	0.328
5.54	12.13	2.77	0.979	12.88	7.21	4.88	2.07	0.490
6.57	13.94	3.29	1.290	16.97	10.44	7.07	2.73	0.627
13.95	29.61	6.99	2.000	20.49	18.25	12.17	2.65	0.568
0.00	38.84	9.16	1.591	14.90	23.82	16.12	1.92	0.386
11.92	0	16.42	1.349	12.88	23.82	26.04	2.80	0.225
6.97	40.68	0	1.927	18.40	34.03	37.20	4.00	0.152
5.57	15.38	8.86	0	68.16	46.82	33.30	8.46	0.567
3.34	9.42	5.43	4.369	0	28.38	31.34	10.53	0.478
6.32	20.57	11.86	3.547	33.54	0	41.54	4.50	0.274
3.10	16.31	9.40	1.830	26.86	30.12	0	8.11	0.158
0.35	1.67	0.96	0.443	8.60	3.11	7.73	0	0.063
6.75	12.81	3.49	2.836	37.31	18.06	14.34	6.00	0
2.60	5.26	1.97	1.605	28.50	10.22	10.95	9.91	0.561
1.98	4.01	1.50	1.235	21.71	7.79	8.34	11.95	0.427
2.98	5.67	1.54	1.254	17.69	7.99	6.80	6.15	0.609
0.35	0.71	0.26	0.215	3.82	1.37	1.44	3.58	0.075

后　记

　　信息社会，以互联网为代表的新兴信息与通信技术的普及是一个不平衡的过程，造成不同地区和人群在信息掌握量和使用能力上的差距。人群间信息意识与信息能力的差异，不仅仅是信息技术的问题，更是社会问题，涉及社会各个群体职业地位上升、经济财富分配、生活品质提升等多方面的问题。基于这一认识，笔者多年来从事信息经济与城市发展的课题研究，近年来主要关注信息社会和城镇化建设中的弱势群体——农民工群体，并在掌握一定数据资料的基础上，着手进行系统研究。

　　本书受中央高校基本科研业务费专项资金"农民工的就业搜寻过程及其对职业匹配质量的影响研究（20132046）"的资助，基于博士毕业论文《信息流动的空间结构与形成机制研究》补充完善而成。特别感谢本人的博士生导师杨云彦教授多年来对我的科研指导与大力支持，师恩似海，无以回报，惟愿我能够做出更多的成绩不辜负老师的教导和信任。

　　限于时间仓促、学识不足，本书难免会有主观、片面和疏漏之处，敬请学界同人批评指正。

梁　辉

2014 年 12 月

于武汉中南财经政法大学文泉楼